극동방송의 운영위원이신 심재수 장로님의 제안으로 방송사에서 예배와 기도 모임을 가지고 있는 솔리데오의 간증집 출간을 진심으로 축하드립니다. 솔리데오의 회원들을 제가 한 분 한 분 다 알 수는 없었지만 10년 세월 동안 한 달에 한 번씩 모여서 찬양하며 예배드리는 모습이 귀하다고 생각했습니다. 또한 저와 극동방송을 위해 기도해 주시고, 크고 작은 일에 물심양면으로 협력해 주신 일도 큰 감동이었습니다. 이번 간증집이 IT 업계 선교와 전도에 크게 사용되기를 바라며, 기쁜 마음으로 추천합니다. 감사합니다.

김장환 극동방송 이사장, 목사

본서는 IT 업계에 종사하는 CEO 34인의 간증집입니다. 이들은 각자 예수님을 만나게 된 과정과 그 이후에 변화된 삶, 나아가서 영혼 구원을 위한 전도에 이르기까지의 믿음의 여정을 들려줍니다. 특히 사업을 추진하는 과정에서 좋은 일이 있을 때나, 어려움이 있을 때나 모든 것이 하나님의 은혜였음을 고백하면서 하나님께 영광을 돌립니다. 본서를 읽고 믿지 않는 많은 사람들이 예수님을 구세주로 받아들이고, 신자들은 하나님의 살아계심을 확신하면서 더욱 견고한 믿음 생활을 하게 되기를 소망합니다.

김하중 온누리교회 장로, 「하나님의 대사」 저자

이 책은 험난한 기업 환경 속에서도 신앙을 지키며 정직과 헌신으로 IT 업계를 이끌어가는 여정을 생생하게 담고 있습니다. 실질적인 통찰과 감동적인 이야기를 통해 고난 속에서도 하나님의 축복을 발견하게 하며, 성공과 영성이 공존할 수 있음을 보여 줍니다. 모든 크리스천 리더가 일터에서 믿음을 등불로 삼도록 격려하고 하나님의 축복의 통로가 되도록 준비시키는 훌륭한 안내서입니다. 목적 있는 삶을 추구하는 분들께 강력히 추천합니다.

김형회 한국IBM 30년 근무, 바이텍시스템 회장 역임, 온누리교회 부목사 은퇴

참 좋은 분들과 인생 여정을 함께할 수 있다는 것은 아마도 가장 큰 축복이 아닐까 생각됩니다. 솔리데오에 계신 분들이 그러한 분들이십니다. 치열한 삶의 과정 속에서도 물질이 행복의 전부가 아님을 아시는 분들, 선교적 삶을 통해 세상을 아름답게 만들어가시는 분들, 인생의 가을이 왔을 때 삶이 아름다웠다고 고백할 수 있는 분들, 그분들의 삶의 여정이 이제 글로 이어져 소중한 책으로 출판되었습니다. 인생은 숨을 쉰 횟수가 아니라 숨 막힐 정도로 멋진 순간을 얼마나 가졌는지로 평가되듯, 소중한 분들의 그 멋진 순간의 탐험을 이 책을 통해 함께 누리기를 기대합니다.

유원식 샘물 호스피스 선교회 회장, 국제개발협력민간협의회 회장

이 책에 소개된 솔리데오 CEO분들의 간증을 읽으면서 큰 울림과 공감을 느꼈습니다. 서로 다른 악기들의 다양한 소리가 오케스트라 안에서 하나 되어 조화롭게 연주될 때 더 아름답고 웅장한 음악이 되듯이, 서로 다른 내용의 각 간증들이 하나의 간증집으로 묶여 살아계신 하나님의 신실하심과 능력을 증거할 때 그것은 거대하고 강력한 은혜의 강물이 되었습니다. 저는 이 간증집이 소개하는 모든 감추어진 진리와 지혜의 보물들, 즉 성공으로 이끄는 경영의 영적 원리들을 많은 독자들이 배울 수 있다는 점이 너무나 감사합니다. 또한 저자들의 고백처럼, 기업을 경영하는 데는 땀과 눈물이 요구되지만 우리는 살아계신 하나님으로 인하여 분명히 승리할 수 있으며, 기업경영은 너무나도 보람된 것이라고 말하고 싶습니다. 이 책을 모든 크리스천 독자에게 필독서로 추천합니다.

이병구 네패스 회장, 기독경영연구원 이사장, 국가조찬기도회 이사

34명의 IT 기독 CEO들, 샐러리맨의 꽃이라고 할 수 있는 그들이 속살을 들어내며 신앙의 고민과 여정을 숨김없이 나누는 간증집을 펴냈습니다. 사업과 가정과 선교, 삶의 현장에서 함께하시는 하나님은

과연 그들에게 어떻게 다가왔는지, 다양한 성장 환경을 바탕으로 삶의 본질을 고민하며 결코 쉽지 않은 어둠의 터널을 통과해 어떻게 지금의 신앙인이 되었는지, 진솔한 필치로 펼쳐지는 고백이 막강한 흡인력을 발휘합니다. 인생의 가장 역동적인 시기를 살고 있는 믿음의 순례자들의 모임인 솔리데오만이 낼 수 있는 간증집입니다.

이용경 KT사장, CGN 대표 역임, 전 국회의원

IT 산업은 이성과 논리를 중시하는 곳입니다. 인문학보다는 공학이나 자연과학을 전공한 분들이 많습니다. 이 치열한 삶의 현장에서 고군분투하시는 CEO들의 간증집이어서 감동적입니다. 이 책을 통해 IT 기업을 이끄시는 CEO들이 만난 하나님의 역동적인 일하심을 맛볼 수 있었습니다. 이성과 논리로 무장된 그들이 어떻게 신앙을 갖게 되었는지, 그리고 끊임없이 변화하는 기술 환경 속에서도 어떻게 신앙의 중심을 잃지 않을 수 있었는지를 엿보게 됩니다. 이 책이 젊은 청년들의 영적 여정에 작은 표지판이 되기를 기대합니다.

이찬수 분당우리교회 담임목사

깜짝 놀랐습니다. 이 책이 마치 신비로운 수학 공식처럼 만들어졌다고 말하고 싶습니다.

$Y = AX_1 + BX_2 + C$

- Y: 성령의 열매(사랑과 희락, 화평과 오래 참음, 자비와 양선, 충성, 온유와 절제)
- A: 기도의 대상(나, 가족, 이웃…), B: 성경(구약, 신약, 4복음서…), C: 조력자(환경)
- X_1: 기도의 농도(기도 횟수), X_2: 성경 읽기의 농도(성경 읽기 횟수)
  (참고 성구: 갈 5:22-24, 골 3:12-15, 롬 6:6)

간증이란 결국 '나'라는 존재를 진솔하게 드러내며, 잘못된 삶을 기도로 새롭게 바꾸어나가는 고백입니다. 그리고 "기도로 물을 주면 믿

음의 나무에서 성령의 열매가 맺힌다"는 이 책의 메시지를 통해, 독자들은 각양각색의 기적 같은 간증들을 만나며 자신만의 성령의 열매를 수확하고 싶어질 것입니다.

조이남 금융정보시스템연구회 명예회장, 한국정보처리학회장 역임

크리스천 CEO 34명의 간증이 담긴 이 책은 세상의 기준이 아닌 하나님의 기준으로 사업을 이끌어가며, 때로는 고난과 실패를 딛고 일어서면서 하나님의 인도하심을 경험한 진실된 고백입니다. 각자가 겪은 도전과 그 속에서 빚어진 신앙의 성장 과정은 우리에게 깊은 울림과 함께 큰 깨달음을 전해 줍니다. 치열한 비즈니스의 세계에서 크리스천 리더들이 겪은 생생한 이야기들은 신앙과 비즈니스 사이에서 갈등하는 분들, 혹은 일상 속에서 하나님의 뜻을 실천하며 살아가기를 원하는 분들에게 훌륭한 영적 나침반이 될 것입니다. 이 간증집을 통해 하나님과의 동행 가운데 더욱 풍성한 삶을 이루는 지혜와 용기가 많은 이들에게 전해지기를 소망합니다.

주영훈 CBS 〈새롭게 하소서〉 진행자, 작곡가

한동대학교는 지난 30여 년간 기독교적 가치관과 세계관에 기반하여 전문성과 인성을 겸비한 인재 양성에 힘써 왔습니다. 이 책은 학생들이 졸업 후 맞이하게 될 사회에서 신앙인으로서 "Why not change the world?"를 어떻게 실현할 수 있는지를 생생히 보여 주는 귀한 기록이라 생각합니다. 이 책에는 IT 업계의 경영자와 전문가들이 신앙인으로서 정체성을 어떻게 지켜갔는지, 성공과 실패의 과정을 겪으며 얼마나 치열하게 살아갔는지에 대한 간증이 담겨 있습니다. 이러한 고백들이 다음 세대에게 큰 도전과 격려가 되기를 소망합니다. 아울러 우리 크리스천 청년들이 사회에서 신앙을 실천하는 방식과 모델을 찾는 데 좋은 길잡이가 되리라 기대합니다.

최도성 한동대학교 총장

하루가 다르게 급변하는 4차 산업혁명 시대에 치열한 경쟁을 뚫고, 수많은 사람의 운명을 책임져야 하는 중압감과 싸워야 하는 CEO들. 그 막중한 고통을 오직 하나님을 붙드는 신앙의 힘으로 이겨내며 나가는 이 시대의 느헤미야와 같은 분들이 있습니다. 솔리데오 CEO분들의 간증을 읽으면서 저는 이 어려운 시대에도 하나님이 숨겨 놓으신 보석 같은 평신도 지도자들이 존재한다는 사실에 벅찬 감동을 느꼈습니다. 특히 수많은 젊은이들이 이 책을 읽고 느헤미야, 요셉, 다니엘 같은 영성과 실력을 겸비한 리더들이 되겠다는 꿈을 가질 수 있기를 바랍니다.

한홍 새로운교회 담임목사

이 멋진 간증집은 모든 삶에서 신앙의 귀중한 통합을 보여 줍니다. 하나님을 위해서만 일하는 것이 아니라 하나님과 함께 일하는 데에 의미가 있습니다. IT의 눈부신 발전과 강력한 크리스천의 가치를 지닌 사고를 연합하면 참으로 멋진 의미 있는 집단적 영향력을 발휘할 수 있습니다. 메데어(MEDAIR)는 35년 전에 하나님의 마음으로 스위스 로잔에 본부를 두고 설립된 국제구호단체로 우리의 가치가 생명을 구하는 우리의 임무에 스며들도록 하는 것이 얼마나 유익한지 알고 있습니다. 우리는 IT 업계와 인도주의 부문이 어떻게 서로 협력을 강화할 수 있는지 잘 알고 있습니다. 우리는 함께 인류에 대한 관심을 표현할 때 더 강해집니다. 솔리데오의 신앙을 바탕으로 한 IT 비즈니스와 우리 메데어의 인도주의적 협력은 하나님이 주신 인간 생명의 가치를 지키는 데 있어 효율성과 효과를 높여 줍니다.

This wonderful collection of testimonies shows the valuable integration of faith in all of life. There is a significance of working with God and not just for God. Combining digital IT advancement with strong value based thinking brings meaningful collective impact. As a humanitarian actor we see the benefit of allowing our values to permeate our life saving mandate. We see how the IT industry and the humanitarian sector can strengthen each other. Together we are stronger in expressing care for our shared humanity Faith driven IT, business, and humanitarian collaboration enhances our efficiency and effectiveness in upholding the God-given value of human life.

앤 라이체마 국제구호단체 MEDAIR 대표

세속적인 세상에서 변화된 강력한 개인적 이야기에 관심이 있다면 이 책이 바로 당신이 찾고 있는 책일 것입니다. 이 책은 치열한 비즈니스의 압박과 요구 속에서 신앙을 발견한 영향력 있는 리더들의 간증을 담고 있습니다. 각 이야기에는 그들이 직면한 도전과 윤리적 갈등뿐만 아니라 하나님에 대한 깊은 믿음과 그 믿음이 일상생활에 어떤 변화를 가져왔는지가 드러나 있습니다. 하나님께서 기꺼이 그분을 따르고 순종하는 각 사람을 통해 일하신다는 것을 보여 줍니다.

If you're interested in powerful personal stories of transformation from the secular world this might be just what you're looking for. This book features the testimonies high impact leaders who found faith while navigating the pressures and demands of high-powered careers. Each story reveals not only the challenges and ethical struggles they faced but also their profound faith in God and how their faith makes a difference in day to day life. It shows that God is working through each person that is willing to follow and obey Him.

레이나우트 반 하이닝겐 jesus.net COO

모든 순간, 하나님이 계셨습니다

IT 크리스천 CEO들이
하나님과 함께 걸어온 길

모든 순간,
하나님이
계셨습니다

솔리데오 지음

토기장이

차례

서문
신앙과 리더십의 길 _여인갑
성공과 실패를 통해 우리를 인도하시는 하나님 _채연근

진짜 나로 살기 _김성민	18
축복의 통로 _김중제	30
삶이 막힐 때 비로소 길을 만드시는 은혜의 주님 _김태식	36
함께하시는 하나님 _나석규	48
이유 있는 하나님의 부르심 _남창기	54
주님, 제게 왜 이런 일이… _노경한	64
큰 물줄기를 트시는 하나님의 인도하심 _박일수	78
천국을 향한 여정 _박태형	86
여호와 이레, 준비시키시는 하나님 _방두영	96
이성으로 만난 하나님 _백원장	102
나의 하나님, 나의 성령님, 나의 예수님 _손정숙	108
독실한 유교 집안에 오신 하나님 _신종호	118
역경 속에서 만난 하나님 _심재수	124
하나님의 자녀 됨을 감사합니다 _여인갑	134
제 인생에 가장 복된 일은 예수님을 만난 것입니다 _오주병	142
하나님께서 허락하시고 동행하시는 사명 _윤다니엘	150
나의 길 오직 그가 아시나니… _이규하	160

과학자가 기독교인 된 이야기 _이상산	168
길이요 진리요 생명이신 나의 주님 _이상호	174
하나님의 손길로 빚어진 삶 _이수정	182
다 살 수 있단다 나만 믿으렴 _이수정	188
고난 속에서도 형통의 하나님을 만나다 _이은혜	196
광야길에서 만난 하나님 _이호수	206
삶으로 증명하라 _이효승	214
인생 여정을 잠시 돌아보며 _임현민	220
사랑의 손길로 치유하신 하나님 _전생명	228
만남의 축복 _전진옥	234
나 같은 죄인 살리신 예수님 _정용관	240
신앙의 유산으로 만난 하나님 _정철영	248
예수님의 두 팔 안에서 _주기철	256
세미한 음성 _차현배	264
카이로스 하나님의 시간에 플러그인된 삶 _채연근	274
꿈꾸는요새 _최종원	282
내 딸 하연이에게 _최준식	290

서문 1
신앙과 리더십의 길

IT 크리스천 CEO 모임인 솔리데오 회원들의 신앙 간증문을 모아 책을 출판하게 된 것에 대해 깊은 감사와 기쁨을 전합니다. 빠르게 변화하는 기술의 세계 속에서 우리는 종종 일과 리더십의 도전에 매몰되기 쉽습니다. 그러나 이 책에 담긴 귀한 간증들이 보여 주듯, 우리의 신앙은 여전히 우리의 결정을 이끌고, 성품을 다듬으며, 불확실한 시기에도 우리를 굳건히 지켜주는 기둥입니다.

이 책에 담긴 각각의 이야기들은 하나님의 사랑과 은혜가 우리의 삶에 어떻게 깊은 변화를 일으키는지를 생생하게 보여줍니다. 이 간증들은 단순한 개인적 경험을 넘어, 하나님의 신실하심과 그분께서 우리의 직장과 일상 속에서 어떻게 일하시는지를 증명하는 귀한 증거들입니다. 리더로서 우리는 때로 특별한 도전에 직면하지만, 그러한 순간에도 우리의 신앙이 우리를 붙들어 주고, 그 신앙이 주변에 미치는 영향력을 실감하게 됩니다.

이 책을 읽으며 여러분도 신앙의 여정에서 새로운 영감과 용기를 얻게 되기를 바랍니다. 이 책이 우리의 삶 속에 희망과 힘을 주는 등대와 같은 역할을 하기를 바라며, 우리가 주님과 함께 걸어가는 이 길에서 결코 혼자가 아님을 일깨워 주기를 소망합니다. 우리는 모두 세상의 소금과 빛으로 부름 받았으며, 각자의 재능과 위치를 통해 하나님의 영광을 나타내고 그분의 나라를 확장해 나가는 사명을 받았습니다.

특히, 지능정보시대를 선도해 나가는 회원들의 간증은 과학과 신앙이 상호 보완적으로 조화를 이루고 있다는 확신을 보여줍니다. 진솔한 간증을 나누어 주신 모든 회원님께 깊이 감사드리며, 그들의 열린 마음과 나눔이 우리 모두에게 축복이 되었음을 말씀드리고 싶습니다. 이 책이 많은 이들의 삶에 감동을 주고, 나아가 우리 주님께 영광을 돌리는 귀한 도구가 되기를 기도합니다.

여인갑 솔리데오 초대회장

서문 2

성공과 실패를 통해
우리를 인도하시는 하나님

솔리데오라는 독특한 신앙공동체가 있습니다. 오직 예수님을 주님으로 섬기는 IT 업계 크리스천 CEO 모임으로 2006년 초대회장인 여인갑 박사와 뜻을 같이하는 분들이 모여 시작되었고, 18년이 지난 지금까지 백 명이 넘는 회원들이 교제하는 아름다운 신앙공동체입니다.

매월 세 번째 수요일 극동방송국에서 조찬예배를 가지며 은혜와 친교를 나누고 있습니다. 총 6개 마을로 편성되어 있는데, 각 마을별로 월례 오찬모임을 가지며 신앙과 비즈니스의 코이노니아를 실천하고 있습니다. 특히 필리핀과 베트남에 IT 선교 및 의료 선교를 할 선교사도 파송하고 있습니다. 최근에는 스위스 로잔에 본부를 둔 국제구호 NGO 단체인 메데어(MEDAIR)와 협력해 한국의 앞선 AI와 IT를 통한 지속적인 후원과 회원으로 구성된 중창단 활동으로 다양한 곳에 유익을 드리기도 합니다. 또한 FMnC(기술과학전문인선교회)와 공동으로 젊은 IT 직장인을 대상으로 한 ITMC컨퍼런스를 격년으로 열고 있습니다.

비즈니스 현장에서 치열하게 사업을 하고 계신 34분의 대표님들이 각 도메인에서 예수님을 만난 스토리가 IT 후배들과 전도 대상의 분들에게 작은 울림의 메시지가 되기를 바랍니다. 이 책에서 때로는 엄청난 도전에 직면하고, 희생을 감수하며, 타협이 길을 더 쉽게 만들 수 있는 순간에도 크리스천의 가치를 굳게 고수한 CEO분들을 만나게 될 것입니다. 각각의 이야기는 모든 성공과 실패를 통해 우리를 인도하시고 변화시키시는 하나님의 심오한 방식을 엿볼 수 있게 합니다.

간증이 간혹 역경을 딛고 승리한 자랑이 될 수도 있어 조심스러웠습니다. 하지만 대부분의 CEO분들께서 겸손하게 하나님만 드러내며 글을 쓰신 것 같습니다. 본 간증 모음집은 다양한 비즈니스 영역 중 오로지 IT 분야에 국한하여 평생 일했거나 지금도 일하고 계신 대표들이 함께 엮어가는 아름다운 스토리이기에 하나님께서도 크게 기뻐하시리라 확신합니다.

솔리데오의 정신은 "서두르지 않고 쉬지도 않으며 돌아가더라고 바르게 가는 솔리데오"입니다. 간증집 출간을 위해 수개월 전부터 헌신적인 TFT 활동을 해주신 이수정, 손정숙, 이만희, 김성민 사장님에게 깊은 감사를 드립니다. 아무것도 모르는 상황에서 잘 인도해 주신 토기장이 출판사 조애신 대표님과 수고하여 주신 편집팀에게도 감사드립니다.

바쁘신 목회 일정에도 불구하고 추천의 글을 써 주신 목사님, IT 업계 선배 리더분들, 그리고 세계 현장을 누비며 NGO 활동에 헌신하시는 섬김의 주역들, 한동대학교 최도성 총장님 등 모든 추천의 글이 주옥같은 생명의 말씀이었으며, 솔리데오가 이 사회에 더욱 선한 영향력을 발휘해야 하는 의무감을 일깨워 주었습니다.

예수님은 여러분을 사랑하십니다. 솔리데오 역시 여러분을 응원하고 함께하겠습니다.

채연근 솔리데오 회장

진짜 나로 살기

김성민 TSN Lab 대표

회사를 자격이 없는 사람에게 뺏기고
직원들은 고맙다는 한마디만 남기고 떠나
홀로 남았을 때 제 주변에는 아무도
없었지만 하나님께서 함께 계셨습니다.
저는 제 삶을 마이너스가 아닌
0점부터 다시 시작할 수 있는
자유가 있었고 과거에 얽매이지 않고
다시 시작할 수 있었습니다.

많은 사람들이 나의 삶이 아닌 다른 사람이 원하는 삶을 살아갑니다. 효자 효녀들은 부모가 원하는 학교에 가서, 부모가 원하는 직장에 가고, 부모가 원하는 사람과 결혼해, 부모가 살고 싶어 했던 삶을 대신 살아갑니다. 똑똑한 사람들은 사회의 주류가 거주하는 동네에 빚내서 아파트를 사고, 강남이 아니면 분당에서라도 자식들을 교육시키면서 어떻게 해서든 사회의 주류에 편입되기 위해 노력합니다. 욕심이 많은 사람은 시대의 흐름을 읽으며 최선을 다해 돈을 모읍니다. 어떤 종목이 유행인지, 어떤 업종이 앞으로 뜰 것인지 꾸준히 연구하면서 시장의 트렌드를 따라잡으며 부를 쌓아갑니다. 그들은 돈의 흐름에서 자신의 삶이 벗어나지 않도록 하기 위해 애씁니다.

전 효자이고도 싶고, 주류에 편입하고도 싶고, 자녀에게 좋은 교육도 시키고 싶고, 돈도 많이 벌고 싶습니다. 옆에서 자신의 목표를 향해 달려가는 사람들을 바라보면 가끔 나만 시대의 흐름에 뒤처지는 것은 아닌가 하는 불안한 마음이 들 때도 있습니다. 지난 삶을 되돌아보면 저는 항상 대부분의 사람들이 선택하는 길이 아닌 제3의 길을 선택했던 것 같습니다.

초등학생일 때 밤마다 기도했던 것이 있습니다. "하나님, 오늘은 제발 잠을 잘 수 있게 해주세요…." 초등학교 때부터, 어쩌면 기억 너머 이전부터 저는 밤에 잠을 제대로 자지 못했습니다. 언제나 불안했고 그 불안감 때문에 불면증에 시달렸습니다. 40이 한참 넘은 지금도 저는 그 우울증과 불면증에서 벗어나지 못했습니다. 예민한 아이로 태어나기도 했지만 제가 자랐던 환경은 항상 감시와 통제를 받는 분위기였습니다. 어떤 행동을 했을 때 어떤 비난을 받을지 예상이 안 되는 숨 막히는 18년을 지냈던 것 같습니다. 밤에 헛것을 보는 것이 너무 익숙해져서 현실에 나오지 않을 만한 장면이 펼쳐지면 또 헛것을 보고 있구나 스스로 되뇔 지경이었습니다.

불면증을 비롯한 여러 정신적인 문제는 제가 선택한 삶은 아니었지만 부모와 떨어져 대학생이 되면서 하나하나 극복해 가기 시작했습니다. 사람들과 눈도 제대로 못 맞추고 자연스럽게 친해지지 못하는 문제는 의도적으로 상대방에게 눈을 맞추도록 노력하고, 옆에 있는 친구들이 사람을 어떻게 사귀는지 따라 하면서 배워갔습니다. 우울증과 불면증은 오랜 시간

심리 상담을 받으며 내가 왜 우울한지, 왜 불안한지, 왜 잠을 못 자는지 이해하기 위해 애썼습니다. 제가 가지고 있는 여러 문제는 저의 인격이 생성되는 과정에서 얻은 것들이기 때문에 일종의 선천적 장애와 비슷합니다. 근본적인 문제를 해결하기보다는 그 상황에 익숙해지고 삶을 살아가는 방법을 배우는 것이 제가 해야 할 일이었습니다. 저는 여전히 사람들과 쉽게 친해지지 못하고, 눈도 못 마주치고, 스트레스를 받으면 불면증이 도집니다. 하지만 오랜 시간을 들여 사람들과 서서히 친해지고, 종종 눈을 마주치면서 마음의 대화를 나누며, 우울증과 불면증이 도지면 예전보단 비교적 빨리 우울증과 불면증에서 탈출합니다. 극복할 수 없는 문제들을 안고 문제와 함께 살아가는 방법을 익힌 것 같습니다.

저는 내성적이고 사람과 대화하는 것보다는 기계와 대화하는 것을 편하게 느끼는 전형적인 엔지니어입니다. 대학생 때 컴퓨터공학을 전공하고 대학원에서 컴퓨터 네트워크를 전공하며 그 분야에서 나름 실력 있다고 자부하고 있었습니다. 저의 엔지니어로서의 꽃은 한국전자통신연구원에서 근무할 때였습니다. 네트워크 운영체제를 만드는 정부 과제를 진행 중이었는데 당시 팀 안에 그것을 구현할 수 있는 사람이 저밖에 없었습니다. 새벽에 출근해 새벽에 퇴근하며 2년 반 동안 네트워크 운영체제를 처음부터 끝까지 개발하였습니다. 제가 감당할 수 없는 영역에 있는 큰일이었지만 저는 그 일을 도전이라고 생각했던 것 같습니다. 부트로더를 구현하고, 컨텍스트 스위칭을 구현하고, ARP/ICMP 패킷 처리 기능을 구현하며 처음으로 ping/pong이라는 가장 기본적인 기능을 성공시켰을 때 그 희열감은 뭐라 표현할 방법이 없을 정도였습니다. 이때가 저의 엔지니어로서 정점이었던 것 같습니다.

한국전자통신연구원을 나와 사업을 하겠다고 나섰을 때 주위의 모든 사람이 말렸습니다. 저처럼 엔지니어 성향이 강한 사람은 한국에서 사업을 하면 안 된다는 것이었습니다. 지금도 저는 그분들의 조언에 동의합니다. 한국에서 엔지니어 성향이 강한 사람은 사업을 성공시키기 정말 어렵습니다. 저 또한 웬만하면 하지 말라고 말리고 싶습니다. 그럼에도 사업을 시작했던 이유는 제가 사업을 하고 싶었기 때문입니다. 엔지니어로서 정점을 찍고 제가 그다음 바랐던 것은 제가 만든 것을 누군가 써주는 것이었습니다. 단순히 만들고 끝내는 것이 아니라 제가 만든 것이 이 세상에서 돌아가는 것을 눈으로 보고 싶었습니다. 다들 무모한 도전이라 얘기했지만, 엔지니어로서의 욕심 때문에 저는 무모한 도전을 했습니다.

구름네트웍스를 창업해서 무수히 많은 사건을 겪으면서 7년이 되는 해에 네트워크 운영체제와 DDS 통신 미들웨어 2가지 아이템을 시장에 안착시키고, 사업의 성공을 눈앞에 두고 있었습니다. 당시 기술 개발에 집중하기 위해 영업 대표를 따로 세우고 저는 기술이사로 내려왔던 상황이었습니다. 사업의 성공을 눈앞에 둔 시점에 영업 대표는 무리수를 두기 시작했습니다. 스톡옵션을 자신에게는 줄 수 없다는 것을 알게 되자 직원들에게 나누어주기로 했던 스톡옵션 지급을 미뤘습니다. 직원들의 불만은 극에 달했고 핵심 직원들의 이탈이 눈앞에 보이기 시작했습니다.

직원들은 제가 다시 대표를 맡기를 원했습니다. 영업 대표에게 원만한 문제 해결을 위해 대표직에서 내려오기를 요구하자 영업 대표는 저를 공격하기 시작했습니다. 처음에는 온갖 비방으로 시작해 나중에는 협박을 하기 시작했습니다. 저도 엔지니어 출신이지만 상당 기간 사업을 해 온 경험으로 그 정도의 비방과 협박에 굴하지는 않았습니다. 더구나 제가 회사의 대주주였기 때문에 비방과 협박이 저에게 큰 위협으로 다가오지는 않았습니다. 그러자 영업 대표는 제가 아닌 직원들을 협박하는 것으로 방향을 바꾸었습니다. 직원들 한 사람 한 사람의 이름을 부르며 법적인 소송을 하겠다는 공개적인 협박을 하기 시작했습니다. 저는 그 협박이 공갈이라는 것을 잘 알고 있었지만 20대 후반, 30대 초반 직원들에게는 그 의미가 크게 다가왔던 것 같습니다. 그들은 저에게 두려움과 공포감을 호소하기 시작했습니다. 저 또한 20대 때 회사의 대표로부터 공갈 협박을 받아 본 경험이 있어서 저의 직원들이 똑같은 일을 겪게 하고 싶지는 않았습니다.

투자사를 찾아가 사정을 설명했습니다. 하지만 투자 담당

자는 제가 찾아가기 전에 이미 대주주인 제가 아닌, 영업 대표의 손을 들어주기를 결정한 상태였습니다. 투자사는 제가 물러서기를 요구했고 저는 더 이상 직원들을 협박하지 않게 해 달라는 약속을 받고 빈손으로 회사를 떠나게 되었습니다. 물론 그 약속은 지켜지지 않았습니다. 제가 회사를 떠난 뒤 얼마 안 있어서 핵심 직원들은 협박에 못 이겨 회사를 떠나게 되었습니다. 투자사는 뒤늦게 당시 잘못된 결정을 했다고 인정했지만 이미 저는 회사를 떠났고 핵심 인력들은 구름네트웍스를 떠난 시점이었습니다.

저의 가장 젊은 시절과 열정을 부어 만든 자식 같은 구름네트웍스를 눈앞에서 빼앗겼습니다. 핵심 직원들은 회사를 떠나 저에게 다시 모였습니다. 당시 저는 직원들에게 뭔가를 해 줄 수 있는 상황이 아니었기 때문에 다른 회사 대표에게 요청해 6개월에서 1년 정도 머물 수 있는 자리를 마련해 주었습니다. 한 명 한 명 당시 네베라쿠베당토라고 불리던 회사들로 갈 수 있게 도와주었습니다.

여러 직원들이 저에게 고맙다는 말도 하고 제가 좋아하는 위스키를 선물로 주기도 했지만, 그렇다고 제 마음에 큰 위로가 되지는 않았습니다. 저는 사업에 실패했고, 그 실패는 회사 강탈이라는 방식으로 이루어졌습니다. 기술이나 시장에서 실패한 것이 아니어서 더 억울했습니다. 자식 같은 회사를 빼앗겨 본 사람이라면 이해할지도 모르겠습니다. 2년 동안 단 하루도 빠지지 않고 악몽에 시달리며 머리끝부터 발끝까지 땀에 흠뻑 젖어 아침을 맞았습니다. 실패에 집중하지 않기 위해 성균관대학교 인공지능대학원 박사과정에 입학했지만 아쉽게도 존경할 만한 지도교수를 만나지 못해 학업에 집중하기도 어려웠습니다.

구름네트웍스를 떠난 후 여러 고객으로부터 전화가 왔습니다. 구름네트웍스와는 일을 못 하겠으니 제가 다시 창업을 해서 일을 맡아 달라는 것이었습니다. 저는 박사과정 1년 차에 법인을 만들어 놓고 구름네트웍스에서 함께 근무했던 직원 한 명을 채용해 TSN Lab이라는 회사를 창업했습니다. 당시 프로젝트가 TSN(Time-Sensitive Networking)이라는 기술을 다루는 회사였기 때문에 회사 이름도 프로젝트에 맞추어 대충 지었습니다. 처음에는 이 프로젝트만 마치고 다시 학업에 집중할 생각이었습니다.

TSN Lab이 만들어지고 제가 법인을 설립했다는 소식을 들은 고객들로부터 전화가 왔습니다. 이것저것 프로젝트를 맡아 달라는 요청이었습니다. 저는 공부에 집중해야 하는 상황이었기 때문에 몇몇 기술적으로 어려운 업무만 제가 담당하고 나머지 대부분의 업무는 직원에게 맡겼습니다. 프로젝트가 점점 많아지면서 그것들을 담당하기 위해 직원을 더 채용하게 되었습니다. 결국 박사 수료 즈음에는 제가 풀타임으로 경영에 집중해야 하는 상황이 되었습니다.

구름네트웍스를 뺏기고 3년이 되었을 때 건강검진을 했습니다. 저는 당연히 암 정도는 발견되리라 생각했습니다. 분노를 삭이며 단 하루도 제대로 잠을 잘 수 없었기 때문에 몸과 마음이 말이 아니었습니다. 하지만 생각 외로 몸이 건강하다는 진단을 받았습니다. 뱃살이 많으니 살을 좀 빼라는 늘 받던 진단만 받았습니다. 저에게 건강검진은 일종의 기적이었습니다. 온갖 비방과 협박과 억울한 일 앞에서 성경에서 이야기하는 '죄'를 꾸역꾸역 씹으며 다른 사람이 나에게 배출한 죄를 내 주변 사람에게 전달하지 않기 위해 노력했습니다. '죄'를 전가하지 않고 내 안에서 '소멸'시키기 위해 노력했습니다. 그 결과로 나의 몸이 망가지고 정신이 피폐해져도 상관없었습니다. 3년 동안 저는 온갖 더러운 비방과 협박과 무책임함을 제 안에서 소화해 소멸시켰습니다. 그럼에도 불구하고 몸과 마음은 망가지지 않았습니다. 저는 이것을 기적이라 부릅니다.

TSN Lab은 그 뒤로 꾸준히 성장해서 구름네트웍스가 투자 받은 것의 3배, 구름네트웍스가 만든 최고 매출의 3배를 달성했습니다. 회사 가치는 구름네트웍스의 5배로 평가를 받았습니다. 얼마 전에는 독일의 유망한 연구소와 기술 제휴를 해서 국내의 TSN이라는 분야에서 최고의 회사로 설 수 있는 발판을 마련했습니다.

예수 믿으면 복 받는다는 이야기를 하고 싶은 것은 전혀 아닙니다. TSN Lab이 성공한 회사도 아니고 천년만년 갈 회사도 아니기 때문입니다. 그리고 저는 이 회사가 잘 되는 것이 복 받는 것이라고 생각하지 않습니다.

저는 우울증과 불면증과 같은 여러 정신적인 문제를 가지고 태어났습니다. 이것은 노력한다고 극복할 수 있는 문제가 아닙니다. 저의 어린 시절을 기억하며 왜 이렇게 될 수밖에 없었는지 그 상황을 그대로 받아들이고 이 문제를 끌어안으면서 평생 사는 수밖에 없습니다. 중요한 것은 부모가 저에게 전수해 준 '죄'를 제 선에서 잘라내는 것입니다. 부모는 그들의 사정으로 죄를 저에게 물려주고 그 결과 저는 평생 우울증과 불면증을 가지고 살아야 하는 사람이 되었지만 저는 그들을 미워하거나 원망하지 않습니다. 하나님께서 저에게 그들을 원망하거나 미워하지 않아도 되는 충분한 이유를 주셨기 때문입니다. 비록 우울증과 불면증이 없는 사람들보다는 힘겨운 출발을 했지만 그들이 물려준 결과에 평생 얽매이며 살지 않아도 됩니다. 저는 부모의 인생이 아닌 저의 인생을 살아가는 것이니까요.

엔지니어가 사업을 하면 힘들다는 것은 알고 있습니다. 그래도 저는 그 사회적 통념에 얽매이고 싶지 않았습니다. 좌충우돌 삐걱삐걱 힘겨운 길이 되겠지만 저는 엔지니어로 태어난 저를 사업가로 승화시키고 싶었습니다. 가족을 포함한 모든 사람이 말릴 때 저는 제가 가고 싶은 길을 선택했습니다. 하나님께서 그들이 염려하고 걱정하는 것으로부터 자유로울 수 있는 충분한 이유를 주셨기 때문입니다. 환경이 어찌하든, 저의 생긴 모양이 어찌하든, 저는 제가 원하는 것을 해볼 이유가 있고 거기에는 도전할 만한 충분한 가치가 있었습니다.

회사를 자격이 없는 사람에게 뺏기고 직원들은 고맙다는 한마디만 남기고 떠나 홀로 남았을 때 제 주변에는 아무도 없었지만 하나님께서 함께 계셨습니다. 3년 동안 매일같이 악몽을 꾸며 영업 대표의 비방과 협박, 투자자의 무책임의 결과로부터 자유롭게 살게 해달라고 하나님께 기도했습니다. 제가 그들을 미워하고 그들에게 복수하지 않아도 괜찮은 충분한 이유를 하나님께서 주셨기 때문입니다. 저는 제 삶을 마이너스가 아닌 0점부터 다시 시작할 수 있는 자유가 있었고 과거에 얽매이지 않고 다시 시작할 수 있었습니다.

저에게 삶은 도전입니다. 부모를 원망하지 않고 정신적인 문제를 인정하며 제 삶을 살 수 있는 것, 엔지니어임에도 불구하고 사회 통념을 깨고 사업가로서 도전하는 것, 회사를 뺏기고도 원망하거나 복수하지 않고 제 삶을 다시 시작하는 것, 이 모든 것이 저에게는 도전입니다.

하나님의 뜻대로 사는 것이 가장 인간답게 사는 길입니다. 진짜 나의 삶을 살기 위해서는 세상의 온갖 얽힌 것들로부터 자유로워야 합니다. 죄와 관습과 습관과 기대감과 사회 통념으로부터 자유로워야 합니다. 그래야 정말 나의 삶을 살 수 있게 됩니다. 하나님을 믿고 예수님을 믿기 때문에 저는 진짜 나로 살 수 있습니다. 예수님만이 그 모든 것으로부터 저를 자유롭게 해주시고 진짜 저의 삶을 살 수 있게 해주시니까요. 이 삶이 쉽지는 않지만 매일 매일 도전하는 것이 보람되고 즐겁습니다. 앞으로 무엇이 기다릴지, 무엇이 펼쳐질지 기대됩니다. 무엇이 튀어나오든 제게는 의미 있는 도전이니까요.

축복의 통로

김중제 이카드밴 대표, 꿈꾸는장학재단 이사장

하나님은 저에게 단지 성공하는 것을
넘어서, 그 성공을 통해 사람들을 돕고
나눔을 실천하는 삶을 살라고 명하셨습니다.
하나님께서는 저에게 축복의 통로가 되어
다른 사람들에게 그분의 사랑을 전하는
삶을 살게 하셨습니다.

36년 전, 가진 것도 없고 믿음도 부족했던 한 청년이 아름답고 믿음이 깊은 한 자매를 만나 결혼하게 되었습니다. 이 결혼은 제 인생에 하나님께서 주신 첫 번째 큰 축복이었고, 그 후로 하나님의 인도하심을 경험하는 여정이 시작되었습니다.
　처음에는 아내를 따라 교회에 다니게 되었지만, 형식적인 신앙생활에 불과했습니다. 믿음이 부족했던 저에게 하나님은 놀라운 체험을 허락하셨습니다. 1991년, 포천 할렐루야 기도원에 동료들과 함께 방문했을 때, 기도원 원장님이 직접 안수하여 암 환자 두 명을 치료하는 광경을 보고 하나님이 살아계신다는 확신을 얻게 되었습니다. 하지만 그 순간만으로 변화된 것은 아니었습니다. 이후에도 하나님은 여러 번 저를 찾아오셨고, 2002년에 비로소 저는 하나님께 마음을 드리게 되었습니다. 남전도회 봉사를 통해 마음이 열리고, 하나님을 인격적으로 만나게 된 것입니다.

저는 남전도회 회장의 권유로 교회 모임에 참여하게 되었고, 교회 차량 봉사에 자원하여 카니발 차량으로 성도들을 교회까지 모시는 셔틀 봉사를 시작했습니다. 토요일마다 차량을 깨끗하게 닦고 먼지를 털며 사랑하는 성도님들을 모시기 위해 준비하는 그 시간이 너무나 기쁘고 행복했습니다. 그 기쁨 속에서 하나님이 제 마음에 찾아오셨습니다.

살아가는 동안 하나님은 여러 번 저를 새롭게 다듬으셨습니다. 사업을 하면서 순간순간 하나님께서 저의 부족함을 채워 주셨고, 그분의 인도하심을 통해 어려운 고비를 넘겼습니다. 1993년, 신용카드 조회기 의무화가 시행되면서 저는 신용카드 부가통신 사업에 큰 가능성을 보게 되었고, 그때부터 신용카드 결제 시스템으로 단말기를 설치하고 관리하는 회사를 설립했습니다. 사업 초창기 10여 년간 부단히 노력했지만 성장의 한계를 느꼈습니다. 수익은 조금씩 늘어났지만, 빠르게 변화하는 시장에서 그 속도를 따라가기란 쉽지 않았습니다. 그런데 하나님은 예기치 않은 길로 저를 인도하셨습니다.

이 사업을 시작한 후 10년이 지나 2002년도에 하나님께서 LG 칼텍스와의 서울 수도권 주유소 결제 관리 총판으로 인도해 주셨습니다. 이는 업계 모든 이들이 부러워하는 일이었고, 저의 사업에 큰 전환점이 되었습니다. 당시 이 일은 저에게 너무나 큰 기회였고, 어떻게 이런 기회를 제가 얻게 되었는지 이해할 수 없었습니다. 저는 이 제안이 단순한 기회가 아니라 하나님께서 직접 개입하신 기적임을 몇 년이 지나서야 깨닫게 되었습니다. 하나님은 저보다 더 넓은 시야로 미래를 바라보셨고, 그분의 손길로 우리 회사와 사업을 이끄셨습니다. 사업에서의 성취는 하나님의 뜻을 따를 때에만 온전해진다는 것을 배우게 되었습니다. 하나님은 단지 저를 성공하게 하신 것에서 그치지 않으셨습니다. 하나님은 저와 저희 회사를 통해 더 많은 사람들에게 축복을 나누게 하셨습니다.

2016년에 설립한 꿈꾸는장학재단이 바로 축복의 통로 중 하나입니다. 하나님은 사업을 통해 얻은 축복을 나누라는 마음을 주셨습니다. 그 후 저는 꿈꾸는장학재단을 설립하고, 최종원 대표님과 연구위원님과 함께 어려운 학생들이 꿈을 꾸고 그 꿈을 이루도록 돕고 있습니다. 장학재단을 통해 지금까지 약 600여 명의 학생들에게 장학금을 지원했고, 단순한 재정 지원을 넘어 꿈을 다시 찾고 그 꿈을 이룰 수 있도록 돕고 있습니다.

학생들은 꿈 발표회에서 자기 꿈을 다시 정리하고, 선배 장학생들은 멘토로 나서 후배들을 돕습니다. 이 과정에서 저는 하나님께서 얼마나 세밀하게 그들의 삶을 인도하시는지 직접 목격할 수 있었습니다. 그중 감동적이었던 기억 중 하나는 안○○이라는 학생과의 만남이었습니다. 이 학생은 가정 형편이 어려워 꿈을 포기하려고 했지만, 꿈꾸는장학재단을 통해 다시 일어섰고, 결과적으로 연세대학교 경영학과에 합격하게 되었습니다. 저는 이 만남을 통해 하나님이 학생들의 삶 속에서 어떻게 기적을 행하시는지 다시 한번 깊이 깨달았습니다.

또 감동적인 기억 중 하나는 탈북자 이○○ 장학생이 꿈 발표회를 통해 패션 디자이너의 꿈을 갖게 되었던 것입니다. 이 장학생은 이화여자대학교에 진학하여 패션 디자인을 전공하게 되었고, 졸업 후 미국으로 유학 가는 것을 목표로 하고 있습니다. 10년 후에는 많은 사람들이 찾는 자신만의 패션 브랜드 창업을 꿈꾸고 있습니다.

이 모든 과정은 하나님께서 주신 사명에 순종하며 나아가는 것이 얼마나 중요한지를 가르쳐 주었습니다. 사업도, 장학 재단도 그분의 손길 없이 이룰 수 없는 일입니다. 하나님은 저에게 단지 성공하는 것을 넘어서, 그 성공을 통해 사람들을 돕고 나눔을 실천하는 삶을 살라고 명하셨습니다. 저는 그 명령에 따라 지금도 노력하고 있습니다. 저는 나눔을 통해 더 많은 축복을 경험했습니다. 하나님께서는 저에게 축복의 통로가 되어 다른 사람들에게 그분의 사랑을 전하는 삶을 살게 하셨습니다.

사업의 성공은 저의 성취가 아니라, 하나님의 계획 안에서 이루어진 일이며, 그분의 사랑과 은혜를 다른 이들과 나누는 것이 저의 진정한 소명임을 매일 깨닫고 있습니다.

> *"지혜 있는 자는 궁창의 빛과 같이 빛날 것이요 많은 사람을 옳은 데로 돌아오게 한 자는 별과 같이 영원토록 빛나리라"*
> (단 12:3).

이 말씀처럼 저와 회사, 그리고 꿈꾸는장학재단을 통해 더 많은 사람들이 축복을 받고, 꿈을 이루고, 하나님을 만날 수 있기를 기도합니다. 하나님께서 저에게 베푸신 사랑과 은혜를 다시 세상에 흘려보내는 것이 제가 감당해야 할 사명임을 믿습니다. 하나님은 제 삶의 주인이시며, 사업의 주인이시며, 장학재단의 주인이십니다. 저는 그저 그분의 계획에 따라 살아가고 있을 뿐입니다. 앞으로도 하나님의 인도하심 아래에서 많은 사람들에게 축복의 통로가 될 수 있기를 간절히 소망합니다.

삶이 막힐 때 비로소 길을 만드시는 은혜의 주님

김태식 액츠원 대표

개인적 성공을 이루려고 하기보다는
어떻게 하면 하나님을 증거하는 삶을
살 수 있을지 더 많은 고민을 하며,
제 삶에 관여하셨던 주님을 잊지 않고
기억하며, 나의 삶의 나침반이 되어 주실
주님을 기대하며 살아가고 있습니다.

"이 내 아들은 죽었다가 다시 살아났으며 내가 잃었다가 다시 얻었노라 하니 그들이 즐거워하더라"(눅 15:24).

아주 오래전 경북 영주 시골에서 살던 어린아이 시절, 부활절에 교회에 가면 맛있는 것을 준다는 이야기를 듣고 처음으로 교회에 갔습니다. 그곳에서 눈을 뜨지 말고 하나님께 기도하라는 말을 듣고도 살짝 실눈을 뜨고 있었는데, 전도사님은 저를 가리키며 하나님은 눈을 뜨고 있는 사람들을 다 아신다고 말씀하셨습니다. 그때 제게 하나님의 첫인상은 그런 것도 아시는 무서운 하나님이었던 것 같습니다. 그 이후로 교회는 왠지 무서운, 그리고 나와는 거리가 먼 다른 부류의 사람들이 있는 곳이었고, 교회 다니는 사람들에게 무조건적인 거부감이 들었습니다.

이후 나이가 들어감에 따라 본능에 따른 삶을 살면서 부처의 '천상천하 유아독존'을 좌우명으로 삼았습니다. 세상에서 믿을 사람은 하나도 없고 오직 나 자신만이 가장 우월하다는 아무런 근거 없는 자신감으로 10대와 20대를 살았습니다.

그 무렵 1995년에 처음으로 작은 IT 회사에 다녔는데, 6개월을 근무한 후에는 나도 사업을 하면 잘할 수 있을 것 같다는 무지한 생각으로 27살 나이에 사업을 시작했습니다. 자본이나 기본적인 전문 지식, 인적 네트워크도 갖추지 않고 시작한 사업이었기에, 사업을 시작한 20대 후반과 30대에는 항상 갈피를 잡지 못한 채 이리저리 흔들렸고, 사업가로서도 리더로서도 정말 형편없는 모습만 보였습니다. 단지 제가 할 수 있는 것이라고는 24시간을 일에만 소비하며 모든 삶을 인생 믹서기에 갈아 넣는 것 외에는 방법이 없었습니다. 그로 인해 당시에는 항상 저를 향한, 세상을 향한 분노로 가득 찬 삶을 살았던 것 같습니다.

> "성령이 아시아에서 말씀을 전하지 못하게 하시거늘 그들이 브루기아와 갈라디아 땅으로 다녀가 무시아 앞에 이르러 비두니아로 가고자 애쓰되 예수의 영이 허락하지 아니하시는지라"(행 16:6-7).

그렇게 무리하며 사업을 하다 혼자만의 힘으로 버티기 힘든 막다른 벽에 부딪치게 되었고, 더 이상 선택의 여지가 없었던 저는 지푸라기라도 잡는 심정으로 어린 시절 이후 두 번째로 주님을 만나기 위해 2000년 1월 9일 제 발로 교회를 나가기 시작했습니다. 하지만 교회에 나가기 시작한 이유가 세상 성공이라는 지푸라기를 잡기 위해서였기에, 이후 4~5년 동안 제가 드린 기도는 사업의 성공뿐이었고, 주님을 단지 내 사업을 도와주기 위한 요술 방망이, 지니 램프 정도로만 여기며 교회를 다녔습니다.

그러다 2004년 온누리교회로 옮겨 체계적인 신앙 교육을 받기 시작하면서, 이전에 가지고 있던 단순 기복신앙적인 신앙생활을 버리고 하나님과 예수님을 조금씩 알게 되었습니다. 그리고 사업을 시작한 이후로는 항상 삶에 쪼들리며 여유 없는 삶을 살았기에 여름휴가도 한 번 가지를 못했었는데, 처음으로 휴가를 내서 공동체 여름 아웃리치를 가는 등 삶의 방향이 내 중심에서 조금씩 교회와 주님을 중심으로 바뀌는 변화가 시작되었습니다.

하지만 이 시기에도 '내 삶의 주인은 나'라는 생각을 여전히 내려놓지를 못했습니다. 청년부 공동체의 신앙 리더를 맡으면서 다른 이들이 보기에는 신앙적으로 성숙한 사람처럼 보였지만, 제 안에는 스스로의 노력으로 성공하고픈 열망을 여전히 가지고 있었습니다.

그렇기에 2004년 이후로 비로소 하나님을 제대로 알기는 했지만, 사업은 성공과는 거리가 멀었고, 그저 하루하루 살아갈 수 있을 정도의 하루살이 인생에서 여전히 벗어나지를 못하고 있었던 것 같습니다.

하지만 저를 향한 하나님의 계획하심은 너무나 세밀하시기에, 하나님은 인생 2막의 시기를 통해 성공에 앞서 제 안에 있었던 세상의 쓴 뿌리, 즉 교회에 다니기 전에 가지고 있었던 분노의 장칼을 무뎌지게 하셨습니다. 3~4년이 지난 후에 어느 순간 자신을 돌아보니 제 안에 항상 있었던 그 분노의 칼이 사라진 것을 깨닫게 되었습니다.

만약 그때 하나님이 저를 불쌍히 여기셔서 제 기도를 들어주셨다면 저는 더욱 교만해지고 자신의 능력을 자랑하며 하나님과 더욱 멀어지는 탕자와 같은 삶을 살았을 것입니다. 그렇기에 그 시기, 성공을 위해서 간구했던 많은 기도를 들어주시지 않은 하나님께 항상 감사할 뿐입니다.

> "너는 마음을 다하여 여호와를 신뢰하고 네 명철을 의지하지 말라 너는 범사에 그를 인정하라 그리하면 네 길을 지도하시리라"(잠 3:5-6).

2006년부터 한국에서 베트남 직원들을 채용해 일하면서 베트남 인력에 대한 가능성을 발견했고, 그 이후로 베트남 직원들을 지속적으로 채용하면서 베트남과의 인연이 시작되었습니다. 하지만 그 당시에는 한 번도 베트남에서 살아야겠다는 생각을 해본 적이 없었던 것 같습니다. 그러다가 2008년 처음으로 근무했던 직원이 베트남으로 복귀를 하여 그 직원과 원격으로 일을 하게 되면서 베트남 IT 아웃소싱 센터를 준비하기 시작했습니다.

그리고 드디어 2010년에 사무실을 오픈했습니다. 2011년에 법인 등록을 하면서 향후에는 한국도 IT 인력 부족으로 인해 베트남 아웃소싱 사업이 크게 성장할 것이라는 기대감을 갖고 베트남 IT 아웃소싱 사업을 시작했고, 해외 아웃소싱 사업에 대해서 한국 기업들에게 제안하기 시작했습니다. 하지만 그때만 해도 너무 이른 도전이었기에, 당시 대부분의 한국 IT 기업들은 해외 아웃소싱에 대한 거부감이 컸습니다. 심지어 한국의 가장 유명한 IT 기업 대표는 저에게 "나는 10원 한 푼도 해외 개발자들 좋으라고 투자할 생각이 없다"라고 할 정도였습니다.

베트남 IT 아웃소싱을 성공하기 위해서는 장기 프로젝트를 진행할 어느 정도 규모의 고객들을 확보해야 했지만, 고객들은 대부분 반신반의하였기에 1~2명 소규모에 짧은 기간 프로젝트만 진행하게 되었습니다. 고객들을 베트남으로 불러서 베트남 아웃소싱 시장에 대해서 소개를 하면, 이후에는 본인들이 잘할 수 있을 거라는 생각으로 직접 아웃소싱 센터를 만들거나 개발자들과 개별적으로 계약을 하는 등 기대와는 전혀 다른 양상으로 흘러가게 되었고, 베트남 아웃소싱 회사는 회사를 성장시키는 동력이 아닌, 빚을 내어서라도 유지를 해야 하는 크나큰 손실을 주는 애물단지가 되고 말았습니다.

2013년, 이제는 도저히 한국과 베트남 회사 모두를 운영할 수 없을 정도로 상황이 나빠지게 되었습니다. 저는 마지막으로 베트남 회사를 접고 한국 회사를 다시 살리는 선택이 아닌, 그동안 투자한 부분을 포기할 수가 없어 베트남으로 삶의 터전을 옮기는 선택을 하게 되었습니다. 이때만 해도 여전히 나의 힘으로 회사를 살릴 수 있다는 생각이 아직도 남아 있었던 것 같습니다.

2013년 베트남으로 거주지를 옮긴 후 처참한 삶이 시작되었습니다. 그동안 몇 개월씩 출장을 오면서 형식적으로 보아 온 회사와 하루하루 생활을 하면서 내부에서 지켜본 회사는 전혀 다른 모습이었습니다. 2006년부터 인연을 맺어온 믿었던 베트남 관리자가 실제로는 맡겼던 프로젝트에 대해 전혀 책임을 지지 않았고, 심지어 근무하던 직원들에게 업무시간에 개인적인 프로젝트를 주고 있었습니다. 사람에 대한 배신감과 더불어 그런 상황조차 파악하지 못하고 막연히 사람만 믿고 회사를 운영했던 저의 무능함을 깨달으면서, 이제 회복은 불가능하겠다는 판단으로 IT 아웃소싱 사업을 접을 수밖에 없었습니다.

더군다나 어려울수록 가족은 함께해야 한다는 생각을 가

진 아내가 두 자녀와 함께 2014년에 베트남으로 옮기게 되어, 이제는 가족까지 책임을 져야 하는 더 큰 어려운 상황에 이르게 되었습니다.

그 당시에 집은 호치민 7군에 있었고, 회사는 7군에서 가장 먼 11군에 위치해 있었습니다. 그때는 모든 버스가 냉방도 되지 않았기에 호치민의 그 더운 날씨에 매일 두 번씩 버스를 갈아타면서 2시간 반 출근을 하고 또 2시간 넘게 퇴근을 해야 했습니다. 매일매일 죽음의 고통을 느끼며 아내와 함께 1년여 출근하면서, 서로 원망하고 상처 주며 참 많은 싸움을 한 인생 최악의 시간을 보내게 되었습니다.

그러다 도저히 내 힘으로는 무언가를 할 수 없는 상황이 되었고, 그제야 내 의지를 포기하며 "하나님! 저 정말 아무것도 못 하겠어요. 저와 가족 좀 살려 주세요"라는 기도를 하게 되었습니다. 이제는 베트남에서 오갈 데 없는 인생 낙오자로서의 저밖에 남지 않게 되었습니다.

하지만 그때 비로소 잠잠히 계시던 하나님이 움직이기 시작하셨습니다.

하나님의 첫 번째 움직임은, 갑자기 20년 넘게 연락하지 않았던 중국에서 사업을 하던 친구에게 연락이 온 것이었습니다. 뜻밖에도 "태식아, 내가 5만 달러를 투자하고 싶다"는 전화를 받게 되었고, 지금까지도 불가사의한 그 사건을 통해 밀려 있던 회사 월세를 청산하고 7군에 집 겸 사무실을 다시 내어 재기의 발판을 만들 수 있게 되었습니다.

조금이나마 그 친구를 통해서, 아니 하나님의 은혜를 통해서 숨통이 트이게 되었는데, 그 시드머니로 어쩔 수 없이 선택한 것은 이커머스 기반의 여성 메이크업 화장품 사업이었습니다. 하지만 IT 하던 사람이 화장품을 파는 데 당연히 잘될 리가 없었고, 이후 6개월 정도 시행착오를 겪으면서 투자 받은 자금도 거의 다 소진하게 되었습니다. 그런 스트레스 속에서 가족끼리 서로 격려하며 이겨내기보다는 상처를 주는 시간이 더 늘어가게 되었습니다.

저는 다시금 "하나님, 저 정말 아무것도 못 하겠어요. 저와 가족 좀 살려 주세요. 베트남 시장에 맞는 저렴한 가격대를 가지면서 저희가 판매자가 아닌 유통업자 역할을 할 수 있는 브랜드를 소개시켜 주세요"라는 기도를 하게 되었습니다.

그 기도 후 얼마 지나지 않아 하나님의 두 번째 움직임이 있었습니다. 아는 지인이 자기가 전에 한국에서 다녔던 회사 브랜드를 소개하고 싶다고 했고, 처음 들어본 브랜드였지만 선택의 여지가 없었던 저는 2015년 여름 한국으로 가서 김포공항 롯데백화점 옥상 카페에서 그 회사 대표를 만났습니다. 총판을 하기 위해서는 회사 규모와 실적 등의 여러 가지 조건과 최소 수입 물량 조건을 계약서 안에 포함시키는 게 일반적이지만, 그 대표님은 아무런 조건 없이 단지 믿을 수 있는 사람 같다는 이유 하나만으로 총판 계약을 해주었습니다. 그렇게 저는 아무런 경험과 실적이 없음에도 기회를 주시는 하나님의 두 번째 은혜를 경험하게 되었습니다.

이후에도 그 대표님은 초기 실적이 없어 어려울 때 마케팅으로 쓰라고 무상으로 몇만 개씩 제품을 제공해 주시고, 가끔 출장 오셔서 잘했다고 용돈 겸 생활비도 몇천 달러씩 주고 가셨습니다. 사람을 통해서 베푸신 하나님의 크나큰 은혜였습니다.

IT만을 평생 천직으로 생각했던 저는 이제 화장품 파는 길을 걷게 되었고, 한 번도 생각하지 않았던 베트남에서 벌써 10년 넘게 살고 있습니다. 그렇기에 지금은 삶이 막힐 때 비로소 인생의 길을 만드시는 주님임을 고백하는 삶을 살고 있고, 삶의 고난이 오히려 하나님의 은혜의 시간이었다는 것을 깨닫게 되었습니다.

2015년 하나님의 은혜를 경험하면서도 빚을 청산하는 데 적어도 10년은 걸리겠다고 생각했지만, 하나님의 역사하심으로 2016년부터 사업은 놀랍게 성장하여 불과 몇 년이 지나지 않아 모든 것을 회복할 수 있게 되었습니다. 이제는 재정적인 걱정은 전혀 하지 않는 상황까지 만들어 주신 하나님의 은혜를 아내와 함께 나누며 감사한 삶을 살아가고 있습니다.

가끔은 하나님께서 왜 이렇게 죄 많고, 부족하고, 연약하고, 어리석고, 게으른 저에게 그런 큰 은혜를 베푸셨을까 하는 생각을 하곤 합니다. 아마도 오랜 시간 돌고 돌아 결국 다시 교회를 찾아온 저를 잃어버린 탕자를 반기는 부모의 마음으로 맞아 주신 게 아닐까 싶습니다.

그렇기에 이제 저는 인생 4막을 사업적으로 보이는 것과 하고 싶은 것이 많음에도 불구하고 하나님의 때에 이루어질 것이라는 믿음으로 조급함 없이 살고 있습니다. 개인적 성공을 이루려고 하기보다는 어떻게 하면 하나님을 증거하는 삶을 살 수 있을지 더 많은 고민을 하며, 제 삶에 관여하셨던 주님을 잊지 않고 기억하며, 나의 삶의 나침반이 되어 주실 주님을 기대하며 살아가고 있습니다.

주님과의 동행이 내 삶의 가장 큰 축복이고 은혜임을 고백합니다. 아멘.

함께하시는 하나님

나석규 라이너스 대표이사

이 글을 통해 전하고 싶은 메시지는
하나입니다. 하나님께서는 항상 우리와
함께하시며, 우리를 보호하고
인도하신다는 것입니다.
어려운 상황 속에서도 하나님을 의지하며
믿음을 잃지 않는다면, 분명히 하나님의
놀라운 계획을 경험하게 될 것입니다.

저는 하나님께서 제 삶에 직접적으로 관여하신다는 사실을 여러 차례 경험했습니다. 특히 죽을 고비를 여러 번 넘기면서 하나님의 보호하심을 확신하게 되었습니다. 처음에는 단순히 운이 좋았다고 생각했지만, 시간이 지날수록 이 모든 것이 하나님의 계획과 훈련임을 깨달았습니다.

제 인생에서 가장 큰 변화는 하나님을 만나고 난 이후였습니다. 신앙을 갖게 된 후 삶의 방향과 목적이 명확해졌고, 어려운 순간마다 하나님께 기도하며 힘을 얻었습니다. 그 덕분에 절망 속에서도 희망을 잃지 않을 수 있었습니다. 이러한 믿음과 경험은 지금의 저를 만들었고, 또한 라이너스라는 에듀테크 기업을 창립하고 성장시키는 원동력이 되었습니다.

라이너스를 창립한 이후에도 수많은 어려움이 있었습니다. 초기에는 자금 부족, 기술적 문제, 시장의 불확실성 등 여러 난관에 부딪혔습니다. 특히, 얼마 전에는 입사한 지 1주일 된 직원이 문제가 있다고 생각되어 해고를 결정했는데, 그로 인해 노동위원회에서 1심과 2심 심사를 받아야 했습니다. 이 과정에서 많은 어려움과 스트레스가 있었지만, 하나님께서 항상 저와 함께하심을 믿으며 견딜 수 있었습니다.

이러한 경험은 저에게 겸손함을 가르쳐 주었고, 하나님의 인도하심에 대한 신뢰를 더욱 깊게 해주었습니다. 특히 솔리데오 지체들의 기도 덕분에 이 모든 어려움을 이겨낼 수 있었습니다.

코로나19 팬데믹 동안 온라인 교육의 필요성이 급격히 증가하면서 라이너스의 역할은 더욱 중요해졌습니다. 팬데믹은 전통적인 교육 방식을 뒤흔들었고, 많은 교육기관과 선교단체가 온라인 교육으로 전환해야 했습니다. 이 시기에 라이너스는 다양한 온라인 교육 플랫폼을 제공하여 학생들이 학습을 지속할 수 있도록 도왔습니다.

이러한 노력은 많은 학교와 교육 기관에서 긍정적인 반응을 얻었으며, 국립대 및 탑클래스 대학의 교육 솔루션을 공급할 수 있는 기회를 얻었습니다.

저는 교육을 통한 선교를 목표로 삼고 있었기 때문에, 필리핀의 마닐라 서쪽 톤도를 방문했을 때 많은 기대를 품고 있었습니다. 당시 저는 STEAM(Science, Technology, Engineering, Arts, Mathematics) 교육 콘텐츠를 가져가서 아이들에게 내일을 위한 교육을 제공하려 했습니다. 그러나 그곳에서 만난 아이들에게 당장 필요한 것은 미래를 위한 교육이 아니라, 오늘을 살아남기 위한 생존 교육이었습니다. 이 경험은 저에게 큰 충격이었고, 그들의 진정한 필요를 이해하게 되었습니다. 그래서 많은 우여곡절 끝에 마닐라를 중심으로 푸에르토프린세사 시티와 로하스 시티에 지사를 두고 현지인에게 법인을 제공할 수 있었습니다.

이 방법을 그대로 적용해 베트남에서도 호치민에 기반을 두고 하노이에 지사를 두는 법인을 설립했으며, 이제는 인도네시아에서도 같은 방식으로 법인을 설립하려고 준비 중에 있습니다. 이러한 경험을 통해 하나님께서 저를 인도하시고, 제가 진정으로 필요한 곳에서 선교할 수 있도록 도와주신다는 것을 느꼈습니다.

앞으로의 미래에 대해 이야기하자면, 우리는 계속해서 교육 기술을 혁신하여 더 많은 학생들이 효과적으로 학습할 수 있도록 도울 것입니다. 또한 더 많은 국가와 지역에 우리의 솔루션을 제공하여 교육의 격차를 줄이고, 더 나아가 하나님의 사랑을 전파하고자 합니다. 이를 위해 우리는 지속적인 연구와 개발을 통해 최신 기술을 도입하고, 각 지역의 문화와 필요에 맞춘 맞춤형 솔루션을 제공할 계획입니다.

이 글을 통해 전하고 싶은 메시지는 하나입니다. 하나님께서는 항상 우리와 함께하시며, 우리를 보호하고 인도하신다는 것입니다. 어려운 상황 속에서도 하나님을 의지하며 믿음을 잃지 않는다면, 분명히 하나님의 놀라운 계획을 경험하게 될 것입니다. 하나님의 은혜가 여러분의 삶에도 가득하기를 기도합니다.

이유 있는 하나님의 부르심

남창기 필리핀 선교사

하나님은 선교지에서 7년간
많은 것을 보게 하시고, 경험하게 하시고,
또한 깨닫게 하셨습니다.
하나님은 이렇게 저희 부부를 훈련시키고
계셨습니다. 그중에서 가장 크게
깨달은 것은 선교는 하나님의 선교이고
하나님이 행하신다는 것입니다.

우리를 향하신 하나님의 계획은 매우 개인적이고 구체적이며 계획적인 듯합니다. 하나님은 매 순간, 여러 경로로, 다양한 방법을 통해 하나님이 일하시는 세상에서 우리를 하나님의 동역자로 부르시고 응답하게 하십니다. 저에게도 삶에 큰 변화를 가져온 하나님의 부르심이 있었고 이 부르심에 응답하게 하시는 하나님을 경험할 수 있었습니다.

저는 유치원 때부터 교회를 나갔는데, 중2 때 아버지께서 갑자기 돌아가셔서 학교를 휴학하며 1년간 방황하던 시기가 있었습니다. 그러던 어느 수요일 저녁 예배에 참석했는데, 그날 목사님 설교가 마태복음 13장 '가라지의 비유'에 대한 말씀이었습니다. 이날 이 말씀이 제 마음에 강하게 와닿았고, '내가 바로 가라지구나! 다만 다른 의인을 위해 하나님은 추수 때까지 기다리시는구나' 하는 마음에 하염없이 눈물이 나왔습니다. 결국 불 속으로 던져질 것이라는 두려움에 "주님! 잘못했습니다! 죄송합니다!" 마음속으로 외치며 눈물 콧물 범벅으로 창피한 줄도 모르고 예수님의 용서를 구하는 기도를 예배 시간 내내 하였습니다.

이때 주님이 찾아오셔서 저를 위로해 주셨습니다. 저는 방황을 멈추고 열심히 새벽 예배부터 모든 공예배에 참석했습니다. 방언의 은혜도 주셨습니다. 교회 생활이 즐겁고 예배 시간이 너무 기다려졌습니다. 그러나 고3 때에는 1년간 모교회를 나가지 않고 다른 교회를 나갔습니다. 왜냐하면 혹시 목사님께서 "창기 학생은 신학대학에 갈 생각이 없나요?"라고 물어보실 것만 같아 아예 목사님 시야에서 사라지는 것이 좋겠다고 생각한 것입니다. 모교회는 버스로 1시간 거리에 있으니 고3 기간에는 시간을 아끼겠다며 모교회를 나가지 않았습니다. 지금 생각해 보면 목사님은 아무 생각도 없으셨는데 지레짐작하며 미리 도망친 모습이었습니다. 대학에 들어가고서 다시 모교회로 출석했습니다.

대학 3학년인 1980년 8월 '80세계복음화성회'가 여의도 광장에서 열렸습니다. 마지막 날 저녁에 김준곤 목사님께서는 앞으로 10만 명의 선교사가 필요할 테니 우리가 평생 한 번쯤은 선교사로 헌신하자, 본인이 안 되면 자녀라도 헌신하도록 하자고 도전하셨습니다. 이때 많은 학생이 일어서며 헌신을 결단했습니다. 그렇지만 저는 선교사나 목회자는 아무나 할 수 있는 것이 아니라는 생각과 그냥 평신도로 평범히 살자는 생각으로 일어서지 않았습니다. 아니 일어서지 못했습니다.

또한 졸업반이었을 때 대학원에 진학하여 캠퍼스에서 좀 더 전도하며 말씀을 함께 공부하면 좋겠다는 주변의 권유가 있었습니다. 하지만 저는 '그러다가 잘못하면 간사나 목회자가 되어야 할지도 모른다'는 두려움에 그저 직장생활 착실히 잘하며 평신도로서 교회 생활 열심히 하면 되겠다고 생각했습니다. 그러나 마음으로는 "주님께서 제 삶 가운데 비전을 주시며 말씀하시면 언제라도 순종하게 해주십시오. 자리도 잡고 잘 살고 있는데 왜 다른 일로 부르시냐며 불평하지 말고 순종하는 사람이 되게 해주십시오"라고 기도하며 졸업을 했습니다.

졸업 전 대기업에 입사하여 10년 넘게 인정받으며 직장생활 잘하고 있을 때 하나님은 제게 '지금 크리스천 직장인으로 살아가고 있는가? CCC에서 배웠던 성경 말씀대로 잘 살고 있는가?'라는 질문을 갖게 하셨습니다. 예배와 교회생활을 게을리하지는 않았고 교사로 임원으로 봉사도 하고 있었지만 어찌 된 일인지 확실하게 "네! 잘하고 있습니다"라고 말할 수는 없었습니다.

그렇다면 대학생 때 들은 미국의 청교도들의 삶을 직접 가서 보면 좋겠다는 마음이 들었습니다. 그러나 막상 가려니 병가 이외에는 직장을 쉴 수 있는 방법이 없었습니다. 다시 돌아와 직장에서 일을 지속할 수 없는 문제, 직장을 잃을 시 경제적 문제, 재취업 문제, 가장으로서 책임 등등으로 결정을 쉽게 내리지 못했습니다. 3년의 시간을 보내고 있던 어느 날, 캠퍼스에서 CCC 성경 공부 시간에 배운 예수님의 제자들의 행동이 생각났습니다.

> "예수께서 이르시되 나를 따라오라 내가 너희로 사람을 낚는 어부가 되게 하리라 하시니 곧 그물을 버려 두고 따르니라" (막 1:17-18).

예수님께서 부르실 때 자신의 환경과 여건, 준비됨 등을 고려하지 않고 즉시 따라나선 결단의 행동, 또한 그물을 버리는 값을 지불하고 따른 용기 있는 행동들이 생각났습니다. 그리고 들려주신 말씀에 순종하라고 배웠으니 배운 대로 사는 것, 말씀대로 결단하고 사는 것이라는 단순한 답을 보여 주셨습니다.

제자들의 용기를 따라 저도 결단하고 1995년 미국 시애틀에 갔을 때, 그곳에서 많은 크리스천이 매일 말씀을 묵상하고 기도의 제목을 나누는 삶을 보게 하셨습니다. 하나님 나라 확장을 늘 마음에 두고 사는 많은 사람들을 만나게 하셨습니다. 또한 오네시보로라는 사람도 만나게 하셨습니다.

"원하건대 주께서 오네시보로의 집에 긍휼을 베푸시옵소서 그가 나를 자주 격려해 주고 내가 사슬에 매인 것을 부끄러워하지 아니하고 로마에 있을 때에 나를 부지런히 찾아와 만났음이라 (원하건대 주께서 그로 하여금 그 날에 주의 긍휼을 입게 하여 주옵소서) 또 그가 에베소에서 많이 봉사한 것을 네가 잘 아느니라"(딤후 1:16-18).

오네시보로는 저처럼 평신도인데 복음을 전하는 바울을 돕는 사람이었습니다. 그의 삶이 제 눈에 들어왔고 하나님은 제게 그와 같은 삶을 살았으면 좋겠다는 마음을 주셨습니다. 그리고 오네시보로의 삶이 앞으로 제 삶의 사명 선언이 되게 하셨습니다. 이를 위해 하나님은 직장생활 잘하는 저를 부르시고 이러한 삶의 목표를 세우도록 하셨습니다. 하나님의 은혜입니다.

"평신도로 복음 전하는 자들을 시원케 하는 삶을 살자, 그들을 돕는 삶을 살자!"

또한 놀라운 사실은 하나님께서 직장을 계속 다닐 수 있도록 회사에 특별 휴직 처리를 해주시고, 급여까지 매달 지급하도록 조치해 두신 것이었습니다. 참 멋진 하나님이시고 능력 있는 하나님이셨습니다. 저의 결단을 지연시켰던 여러 문제점은 하나님이 보시기에 아주 쉬운 일이었습니다.

귀국한 후, 아내와 큐티와 기도 제목을 나누며 함께 기도

하는 일상으로 삶이 변화되었습니다. 선교사님들이 한국에 오시면 집으로 초대하여 숙식을 제공하는 작은 섬김부터 시작했습니다. 또한 좀 더 선교사와 선교지를 알기 위해 휴가 때마다 선교지들을 방문했고, 그곳의 필요를 알고 함께 기도하며 교제하고 격려했습니다. 퇴직하면 아내와 비즈니스석을 타고 해외여행을 가야겠다며 마일리지를 모은 것이 거의 백만 마일이 되어갔는데 이를 이용하여 선교지 해외여행을 기쁨으로 가게 되었습니다. 마일리지를 이렇게 쓰게 하시려고 잘 모아 놓게 하셨다는 것을 뒤늦게 깨달았습니다.

감사하게도 담임 목사님 은퇴와 함께 강화도로 같이 이사하며 선교사들을 위한 게스트하우스(길갈하우스)를 준비할 수 있었고, 이를 통해 귀국하신 선교사님들과 국내 선교단체들을 섬길 수 있었습니다. 길갈하우스를 통해 많은 선교사님들과 선교 관련 분들을 만날 수 있었습니다. 특히 신학대학 선교학 교수님을 만나 그분의 제안으로 1년간 선교 훈련을 받으면서 선교에 대해 더욱 눈이 뜨이기 시작하였습니다.

그런데 어느 날 하나님은 "좀 더 가까운 선교 현장에서 선교사를 도우면 좋지 않겠니?"라는 마음을 주셨습니다. '아니 이제 무엇인가 감이 오는 듯한데, 지금도 잘하는 듯한데, 무엇보다 외국에서 살기에는 건강이 문제가 되는데, 65세에 은퇴하고 하면 어떨까요?' 등등의 이유를 대며 차일피일 부르심에 응답하지 못하고 있었습니다. 이러한 저에게 하나님은 "하나님이 하라고 하실 때 시비 걸지 말게 해주세요"라고 기도드렸던 것과 하나님이 하라고 하시면 예수님의 제자들처럼 즉시 결단하라는 말씀을 다시 생각나게 하셨습니다. 결국 아내와 의논하여 현장에서 선교사를 돕기 위해 조기 은퇴하기로 결정하고, 2018년 3월 5일 아내와 필리핀 선교지로 향했습니다.

우리의 연약함을 미리 아신 하나님은 의사 장로님 부부를 준비시켜 저희 부부와 함께 같은 날, 같은 선교지로 출발하게 하셨고, 같은 아파트에 거주하게 하셨습니다. 그리고 서로 말동무도 되고 우리 부부의 건강도 챙겨 주는 주치의 역할을 하게 하셨습니다. 얼마나 개인적인 맞춤형으로 준비를 해주셨는지…. 참 치밀하고 계획적인 하나님이셨습니다.

하나님은 선교지에서 7년간 많은 것을 보게 하시고, 경험하게 하시고, 또한 깨닫게 하셨습니다. 하나님은 이렇게 저희 부부를 훈련시키고 계셨습니다. 그중에서 가장 크게 깨달은 것은 선교는 하나님의 선교이고 하나님이 행하신다는 것입니다. 선교사가 일하는 것이 아니라는 것입니다.

선교사는 하나님의 사역에 쓰임을 받는 자로 하나님이 일하실 때까지 하나님의 능력을 신뢰함으로 기도하며 기다릴 수 있어야 합니다. 그래서 선교는 또한 기다림이라고 생각합니다. 내가 하나님보다 먼저 앞서면 실패합니다. 성공한다고 하더라도 하나님은 보이지 않습니다. 하나님께 영광이 되지 않습니다.

또한 선교뿐만 아니라 목회도 하나님의 목회라는 것을 알게 되었습니다. 이것이 선교 현장으로 저를 부르셔서 하나님이 하시는 일들을 지켜보게 하시고, 경험하게 하시고, 깨닫게 하신 하나님의 또 다른 은혜였습니다.

이렇게 하나님의 부르심은 특별한 이유가 있으셨고, 하나님의 세밀한 음성에 응답케 하시고 하나님의 은혜를 경험하게 하심으로 하나님께 영광이 되게 하셨습니다. 하나님은 하나님의 특별한 목적을 위해 특별한 장소로, 특별한 시간에 우리를 부르십니다. 할렐루야!

주님, 제게 왜 이런 일이…
노경한 쌍용SIST 대표이사

"왜 제게 이런 시련을 주시나요?"
하나님을 원망하면서도 하나님은 실수가
없으신 분이고 사랑이 많으신 분이시기에
우리 입장에서는 딸이 곁에 있는 것이
좋겠지만, 딸의 입장에서는 하나님께서
가장 좋은 하늘나라로 데려가셨다는 것을
믿게 되었습니다.

저는 가부장적이고 전통적인 유교 집안의 4남 3녀 중 4남으로 자랐습니다. 지금의 믿는 아내를 만나기 전까지는 살아오면서 복음을 전혀 접해 보지 못했습니다. 중학교 때까지는 마음껏 놀았고 철이 들어 고등학교 때부터 열심히 공부하여 서울에 있는 대학 진학 후 어려운 집안 형편이었지만 4년간 장학금을 받음으로 학업을 잘 마칠 수 있었습니다. 대학시절 믿는 친구도 있었지만 제게 복음을 전한 친구가 없었던 것이 아쉬웠습니다. 제가 마음이 굳어 있어 친구들이 복음을 전하지 못했나 봅니다. 그 당시 복음을 전해 받았더라면 과연 믿었을까? 그건 하나님의 주권 하에 있다고 믿습니다. 그래서 저는 믿든지 안 믿든지 상관없이 친구들과 지인들에게 기회가 되면 복음을 전하고 있습니다. "믿음은 들음에서 나며 들음은 그리스도의 말씀으로 말미암았느니라"(롬 10:17).

군복무 후 대기업에 입사하여 개발, 기술기획, 전략기획, 품질경영, 프로젝트 관리 인사 및 교육 등의 직무를 하면서 22년간 근무했으며, 임원이 되어 IT교육사업본부가 분사하여 현재 사업장에 대표이사로 19년째 운영하고 있습니다.

그동안 한 번도 근무에 대한 단절 없이 성실하게 일해 왔습니다. 성실하고 남에게 호감을 주는 인상이라 그런지 믿지 않을 때부터 사람들로부터 전도사님 아니냐는 소리를 자주 듣곤 했습니다. 1987년에 결혼하여 두 딸을 얻었고 행복한 믿음의 가정을 이루며 살아가고 있습니다.

결혼 전까지 교회에 다니지 않았으나 결혼 후 어느 날 아내와 믿는 저의 동료가 저를 납치하다시피 해서 택시에 태워 강남중앙침례교회 부흥집회로 인도했습니다. 교회에 도착하니 두 손 들고 찬양하고 소리 내어 통성으로 기도하는 등 참석한 모든 사람이 제 눈에는 미쳐 보였습니다. 그래서 자리에서 일어나 아내의 만류에도 불구하고 두 손 들고 "미쳤다"라고 소리쳤으나 주변이 시끄러워서 제 목소리를 들은 사람이 아무도 없었습니다. 지금 생각하면 너무 부끄러운 행동이었고 하나님께 불충한 행위였습니다. 이제는 제가 두 손 들고 찬양하고 통성으로 기도하는 미친 사람이 되어 있습니다.

아내의 권유로 교회에 나왔으나 등록하지 않고 다니다가, 예배 시간에 딸의 헌아 기도를 받기 위해서는 부부가 교회를 등록해야 해서 88년 12월 강남중앙침례교회에 등록했습니다.

처음에는 구역예배(순예배)에 매번 참석하고 주일학교 교사로 섬기긴 했지만 선데이 크리스천으로 신앙생활이 아닌 종교생활을 하고 있었습니다. 그러던 중 2002년 온누리교회에 나가면서 여러 가지 신앙 관련 양육교육을 받게 되었습니다. 어느 부활절 주일에 예수님이 십자가를 지고 채찍질 맞으며 끌려가 십자가 처형당하는 뮤지컬 공연을 보면서, 나의 죄 때문에 아무런 죄도 없는 하나님의 독생자이신 예수님이 고난을 당하고 십자가에 못 박히셨다는 사실을 깨닫고 눈물이 하염없이 나왔습니다. 성령이 제게 임했고 성령세례를 받은 것입니다. 그날 예수님을 인격적으로 만난 것이 신앙생활의 전환점이 되어 저는 두 손 들고 찬양하고 통성으로 기도하는 사람으로 변화되었습니다. 그전에는 십일조 생활도 제대로 하지 못했는데 주님을 인격적으로 만난 이후에는 지금까지 한 번도 주일성수를 어기지 않고 십일조 생활도 빠짐없이 해오고 있습니다.

친구들과 국내외 여행 중에도 주일이 포함되어 있을 때면 믿는 친구와 함께 역할을 분담하여 미리 준비해 간 예배 순서대로 호텔에서 주일예배를 드렸습니다.

아내의 끊임없는 기도와 끈질긴 전도로 예수님을 믿고 영접하지 않았다면 제 인생이 어떻게 되었을까 돌아보면 끔찍하다는 생각이 듭니다. 믿는 아내를 만난 것이 큰 축복이고 하나님의 선물이었습니다.

죄악 된 세상에서 목적 없이 아무런 죄의식 없이 살아가다가 언젠가 죽은 후 우리를 창조하신 하나님과 분리되어 지옥에서 영원히 고통 가운데 살아갈 수밖에 없을 것을 생각하면 너무나 끔찍한 일입니다. 아내의 전도를 통해 하나님의 은혜로 예수님을 영접하고 구원을 받아 이 세상 사는 동안 참 평안을 누리고 영원한 생명을 얻어서 너무나 기쁘고 감사한 일입니다.

혹시 이 글을 믿지 않은 독자가 읽는다면 꼭 예수님 믿고 구원받아 살아 있는 동안 참 평안을 얻고 죽은 후에도 천국에서 영원한 생명을 누리시기 바랍니다.

하나님을 믿으면 좋은 일이 생긴다고 생각했는데 오히려 제게 고난이 찾아왔습니다. S정보통신 교육센터 강북지점 개소식에서 사장님께서 모든 임원팀장에게 돼지머리에 절하라고 하신 것입니다. 믿는 사람이 여러 명 계셨지만 엄한 사장님의 눈치에 모두 돼지머리에 절을 했고, 저는 사장님께 "기도로 축복하겠습니다"라고 말하며 기도로 축복했습니다. 기도를 하는데 뒤에서 빈정거리는 소리가 들렸습니다. "노팀장이 유별나구나." 그 일로 인해 사장님의 보이지 않는 핍박을 받으면서 변방부서로 전출되고 힘든 시절을 몇 년 보냈습니다. 그때 성경 말씀도 많이 읽고 신앙교육도 많이 받으면서 말씀을 더욱 알게 되었고 신앙이 성장하는 계기가 되었습니다. 고난의 때에 시편을 읽으니 큰 위로와 힘이 되었습니다. 시편 중 "고난 당한 것이 내게 유익이라 이로 말미암아 내가 주의 율례들을 배우게 되었나이다"(시 119:71)라는 말씀이 너무나 마음에 와 닿았습니다.

하나님께서 저의 신앙을 성숙시키신 후 마침내 임원으로 승진되었고, 새로운 사장님이 부임하고 다시 인사팀장으로 복귀하게 되었습니다. 몇 년 후 교육사업부가 분사되었는데 하나님은 유일하게 우상에게 절하지 않은 저를 기억하셔서 그 사업장을 선물로 주셨고, 현재 19년째 대표이사로 재직 중에 있습니다.

저는 누구보다도 건강관리를 잘하고 있어서 친구들한테도 건강의 모델이었습니다. 매일 하루에 100번 팔굽혀펴기를 하고 한 번에 턱걸이를 10번 한다고 자랑하는 등 보이지 않게 건강에 대해 교만한 마음을 갖고 있었습니다. 하나님이 건강을 지켜주시기에 건강한 것인데 내가 건강관리를 잘해서 되는 줄로만 알았습니다. 건강검진에 이상이 없었는데 4년 전 어느 날 가족과 식사하는 도중 오른쪽 귀가 마비되면서 갑자기 귀가 완전히 안 들리기 시작했습니다. 하룻밤 자면 괜찮겠지 생각했는데 변함이 없었습니다. '하나님, 왜 제게 이런 시련을 주시나요'라고 원망하면서 병원치료와 한의원치료와 침술치료를 했지만 30% 정도만 회복되고 더 이상 차도가 없었습니다. 청력 불균형으로 인해 사람들이 많은 곳에 가면 힘들었고 교회 안에서 찬양드리는 것도 어려웠습니다. 아내의 소개로 금호동에 있는 침술원에 가서 치료를 받았는데 원장님이 교회에 다니는 시각장애인 집사님이었습니다. 시각장애인인데도 불구하고 너무나 밝고 행복하게 진료를 하고 있었습니다. 하루는 원장님에게 "하나님은 저를 미워하시나 봐요. 갑자기 귀를 안 들리게 하시네요"라고 했더니 원장님이 "하나님이 노 사장님과 친밀하고 싶으신가 봐요?"라고 말씀하시는데 뭔가 얻어맞은 것 같았습니다. 하나님은 사랑이 많으시고 실수가 없으신 분이라는 것이 깨달아졌고, 하나님이 고난을 주신 이유가 있을 거라고 생각하며 말씀을 읽고 묵상하고 하나님께 기도를 더 많이 하게 되었습니다. 건강에 대해 겸손하게 되었고 하나님과 더 친밀해지는 계기가 되었습니다.

한번은 난청 치유를 위해 90일 작정 새벽기도와 성경 1독을 작정하고 기도했습니다. 새벽기도 중 오른쪽 귀가 완전히 치유되리라 굳게 믿으며 하루도 빠지지 않고 성경통독하고 새벽기도를 했습니다. 89일이 지나도 반응이 없었습니다. 마지막 날에는 "에바다"처럼 기적이 일어나겠지 기대했지만 전혀 차도가 없었습니다. '하나님은 나를 사랑하시지 않는가 보다.' 약간 실망에 빠졌습니다.

90일째 되는 마지막 날 밤에 소천하신 우리 교회 담임목사님이셨던 하용조 목사님이 찾아오셔서 저를 꼬옥 안으시더니 "경한아, 내가 너를 사랑하노라. 내 은혜가 네게 족하다"라고 말씀하셨습니다. 눈을 떠보니 꿈이었는데 지금도 그 장면이 생생하게 떠오릅니다. 하나님께서 저를 기억하시고 무척 사랑하신다는 사실을 깨달았습니다. 내 능력이 약한 데서 온전하여지고 약한 데서 그리스도의 능력이 내게 머물게 되는 것을 깨달았습니다. 지금은 잘 들리지 않더라도 만족하며, 왼쪽 귀가 잘 들리고 다른 기능이 정상적으로 작동되는 것에 대해 감사하고 있습니다.

건강도 자랑할 것이 없다는 것을 알았습니다. "여호와께서 집을 세우지 아니하시면 세우는 자의 수고가 헛되며 여호와께서 성을 지키지 아니하시면 파수꾼의 깨어 있음이 헛되도다"(시 127:1). 하나님이 지켜주시지 않으면 그 어떤 것도 의미가 없다는 것을 깨닫고 현재의 건강에 감사하며 모든 것이 하나님의 은혜임을 고백하고 있습니다.

난청이 오고 1년 후 지금으로부터 3년 전 제게 감당할 수 없는 참척지변의 큰 슬픔이 찾아왔습니다.

딸이 둘이 있는데 사랑하는 막내딸이 대학생 때 자가면역 질환인 루프스라는 희귀병 판정을 받았습니다. 루프스는 외부로부터 균이 들어오면 자기를 방어해야 하는데 아군이 아군을 공격하므로 여러 장기를 공격해서 장기를 손상하게 하는 힘든 질병이었습니다. 판정을 받고 1주일 동안은 하늘을 보고 울며 하나님을 원망하고 딸을 고쳐 달라고 간절히 기도했습니다. 하지만 하나님은 응답이 없으셨습니다. 루프스병은 치료약이 아직 개발되지 않았습니다. 다행히 임상실험 대상으로 선정되어 비싼 주사약을 무료로 맞으면서 치료를 받아 상태가 많이 호전되었고, 외형적으로 보면 건강하게 보여 정상 생활하는 데 문제가 없었습니다.

    코로나로 인해 하는 일도 힘들어지고 여러 가지 스트레스로 몸도 지쳐가는 등 어려운 시절을 보냈습니다. 그러던 어느 날, 하나님이 사랑하는 딸을 하늘나라로 데려가셨습니다. 믿을 수 없었고 청천벽력 같았습니다. 딸을 너무나 사랑했기에 딸의 주검을 붙잡고 하나님께 울며 부르짖었습니다. 천지를 창조하시고 홍해도 가르시고 죽은 자를 살리시는 하나님이시니 제 딸을 살려 달라고, 안 되면 딸 대신 저를 데려가시라고 울부짖었습니다. 그러나 기적은 일어나지 않았습니다.

    딸을 천국으로 보내고 한 달간은 출근 후 회사 주변을 돌아다니며 하늘을 쳐다보고 하염없이 눈물을 흘렸습니다. "왜 제게 이런 시련을 주시나요?" 하나님을 원망하면서도 하나님은 실수가 없으신 분이고 사랑이 많으신 분이시기에 우리 입장에서는 딸이 곁에 있는 것이 좋겠지만, 딸의 입장에서는 하나님께서 가장 좋은 하늘나라로 데려가셨다는 것을 믿게 되었습니다. 딸도 하늘나라로 간다고 하면서 언젠가 천국의 문에서 기다린다고 했고, 천국으로 가니 슬퍼하지 말고 행복하고 건강하고 꿋꿋이 살아 달라고 오히려 저희를 위로하고 떠났습니다.

    그 과정에서 믿음이 없었다면 세상적인 방법으로 해결하며 견딜 수 없이 힘들어했을 텐데, 믿음을 잃지 않고 매일 말씀과 찬양으로 하나님과 더 친밀한 교제를 하면서 하나님 사랑을 느끼고 마음이 평안해졌으며 이를 통해 신앙이 더 성숙해가는 것을 느꼈습니다. 얼마 후 딸이 천국 간 모습을 꿈에라도 보여 달라고 하나님께 간절히 기도했을 때, 이틀 밤 연속해서 딸이 하얀 옷을 입고 천사들과 함께 잔치를 여는 꿈을 꾼 적이 있습니다. 꿈을 통해 딸이 천국에 갔다는 사실을 더 확신하게 되었고 하나님의 위로를 경험했습니다.

명절날이나 생일날이나 어버이날이 되면 딸이 생각나 눈물이 날 때도 있지만, 하늘나라에서 평안히 있을 딸과 언젠가 천국에서 만날 소망이 있기에 이제는 담담할 수 있고 슬프지 않습니다. 하나님은 실수가 없으신 분이고 우리가 기도한 것보다 하나님 보시기에 더 좋은 것을 주신다는 것을 믿습니다.

그리고 1년 후 생각지도 못하게 온누리교회 피택장로로 선출되었고 장로훈련을 받고 작년 말 장로로 장립하였습니다. 딸을 천국으로 보내고 그 슬픔을 해소하기 위해 세상적인 방법이 아닌 찬양과 말씀과 기도로 잘 극복하면서 하나님과 더 깊은 교제를 하고 하나님을 더 가까이하는 인생을 살아왔는데, 하나님이 그 모습을 보고 장로라는 직분으로 큰 위로를 주심에 큰 은혜를 받았습니다. 장로라는 직분은 제게 있어 딸의 목숨과도 같은 직분이기에 늘 온유하고 겸손하게 하나님의 충성된 일꾼으로 섬기며 살아가고 있습니다.

믿는다고 해도 누구에게나 고난이 찾아옵니다. 성경 속 아브라함, 야곱, 요셉, 다니엘, 다윗, 욥 등 위대한 믿음의 사람에게도 고난이 찾아왔고, 고난을 통해 자신을 돌아보며 하나님과 더 친밀한 관계를 유지하고 더 위대한 믿음의 사람이 되었다는 것을 알 수 있습니다. 이스라엘 민족도 광야를 통과하고서야 젖과 꿀이 흐르는 가나안 땅으로 들어갈 수 있었습니다.

저의 경우도 위에서 언급한 고난뿐 아니라 사업에서도, 대인관계에서도, 집안에서도 여러 크고 작은 고난을 경험했습니다. 그 가운데 느낀 점은 고난을 통해 하나님이 제게 주시고자 하는 의도가 있었고, 고난을 통과하면 믿음이 더 성숙해지고 고난 이전보다 더 큰 축복을 받게 된다는 것이었습니다. 그 같은 사실을 반복적으로 경험했기에 지금의 고난 가운데서도 오히려 하나님이 어떻게 역사하실지 기대하면서 감사하며 기도로 잘 이겨내고 있습니다.

고난 중에 즐겨 불렀던 김석균 목사님의 찬양곡인 "왜 나만 겪는 고난이냐고" 첫 소절이 저를 위로하고 소망을 주었습니다.

왜 나만 겪는 고난이냐고 불평하지 마세요.
고난의 뒤편에 있는 주님이 주실 축복 미리 보면서 감사하세요.

지금 이 글을 읽는 분이 고난 가운데 있다면, 모든 것의 주관자이시며 우리의 모든 고통을 아시는 하나님께서 반드시 더 좋은 축복을 주실 것이라 믿고 감사하며 미래에 대한 소망을 갖고 이겨나가시길 바랍니다. 시간이 지나면 '고난은 위장된 축복'이란 사실을 알게 될 것입니다.

저 역시 누군가로부터 전도를 받아서 예수님을 영접하여 하나님 자녀가 되었고, 살아가면서 평안을 누리며 영원한 생명을 얻었기에, 만나는 사람마다 복음을 전하는 삶을 살아가려고 합니다. 공동체 전도집회에 하나님의 강권적인 인도로 믿지 않은 형제자매 가족 전원이 참석하여 예수님을 믿기로 작정하였고, 아직은 교회에 나가지는 않으나 언제가 나갈 것을 기대합니다. 아버지와 누님이 죽기 전 예수님을 영접하는 것을 보면서 "주 예수를 믿으라 그리하면 너와 네 집이 구원을 받으리라"(행 16:31)는 말씀을 이루시는 것을 경험하고 있습니다. 작년은 장로사관학교 훈련을 받았고 올해는 복음을 좀 더 효과적이고 체계적으로 전하기 위해 온누리전도학교 훈련을 3개월 받습니다.

예수님은 우리에게 증인의 삶을 살면서 하나님의 사랑을 전하고 하나님 나라를 확장하는 데 힘쓰며 열매 맺는 삶을 살라고 하십니다. 성경에 "죄인 한 사람이 회개하면 하늘에서는 회개할 것 없는 의인 아흔아홉으로 말미암아 기뻐하는 것보다 더하리라"(눅 15:7)라는 말씀이 있습니다. 이 말씀을 기억하며 복음에 빚진 자로, 사랑에 빚진 자로, 믿지 않는 영혼들에게 복음을 담대히 전하는 증인의 삶을 살아가길 다짐합니다.

위에서 언급했듯이 저의 회사는 하나님이 주신 축복의 선물이었는데 지금까지 세상적으로 회사를 운영해 왔습니다. 그래도 하나님께서 은혜를 베풀어 주셔서 19년간 한 번의 적자 없이 잘 운영했습니다. 지금까지 인도해 주시고 지켜주신 하나님 은혜에 감사와 찬양을 올려 드립니다. 함께 수고한 임직원들에게도 이 자리를 빌려서 깊이 감사드립니다.

얼마 전 크리스천 IT CEO 모임인 솔리데오 회원사인 이포넷이라는 회사를 방문했는데, 사무실로 들어가는 입구에 걸려 있는 사훈이 제 마음에 감동을 주었습니다. "주님을 경외하는 기업", "직원을 사랑하는 기업", "고객께 감사하는 기업"이라고 되어 있었습니다. 저의 회사 사훈도 몇 년 내에 "하나님을 경외하는 기업"이라고 정하고, 하나님이 CEO가 되셔서 저는 청지기 역할을 하고 수입의 십일조를 이웃사랑을 위해 사용할 수 있기를 소망합니다. 그러기 위해서 하나님께서 환경을 변화시켜 주시고 새로운 동역자를 붙여 주실 것을 간절히 기도하고 있습니다.

3년 전 딸을 천국으로 보내는 큰 아픔을 경험하면서 상실의 아픔을 갖고 있거나 고통 중에 있는 사람들의 마음을 이해하게 되었습니다. 하나님으로부터 위로받은 '상처받은 치유자'로서 교회에서, 직장에서, 사회에서 고난 중에 있는 분들을 찾아뵙고 위로해 주고 기도해 주는 사역을 담당하고자 합니다. "우리의 모든 환난 중에서 우리를 위로하사 우리로 하여금 하나님께 받는 위로로써 모든 환난 중에 있는 자들을 능히 위로하게 하시는 이시로다"(고후 1:4).

　지난 해 32세 자매의 죽음으로 낙심한 부모님을 찾아가 위로해 드렸을 때, 어떤 사람의 말도 위로가 안 되었는데 저의 말 한마디가 큰 위로가 되었고 교회에 나가겠다고 말씀하신 적이 있습니다. 이와 같이 상처받은 치유자로서 역할을 감당하겠습니다.

　지금까지 지켜주시고 인도해 주신 하나님의 은혜에 감사드리며, 모든 영광을 하나님께 올려 드리고 그리스도의 담대한 증인으로 살아가기를 다짐합니다.

큰 물줄기를 트시는
하나님의 인도하심

박일수 ㈜로이테크원 대표

어쩌면 하나님께서 이렇게 말씀하시는 것
같습니다. "너의 경험과 지식, 인맥을
다 버리고 나만 따라오지 않을래?"
그 길은 때로는 힘들고 고통스럽고,
늘 긴장과 스트레스를 받는 삶이었지만,
제 손을 꼭 잡고 앞서 나가시는
든든한 아버지 하나님을 경험할 수 있어서
감사하고 기쁠 뿐입니다.

'어머니'라는 단어를 생각하면 새벽마다 눈물로 기도하시던 저의 어머니의 모습이 떠오릅니다. 어머니는 제 삶에 가장 큰 영향을 미친 분입니다. 저희 외할머니는 잿빛 옷을 주로 입고 다니셨던 불교의 보살님으로 기억합니다. 큰이모님은 무당이셨고, 댁에 가면 자주 북을 치며 주문을 외우시는 모습을 보곤 했습니다. 이러한 불교와 토속신앙의 환경 속에서 어머니는 시어머니를 따라 교회에 다니기 시작하셨고, 아버지의 심한 핍박에도 불구하고 신앙을 굳게 지키셨습니다.

어머니는 친정 식구들의 구원을 위해 40년 넘게 눈물로 기도하셨습니다. 오랜 시간이 흐른 후, 결국 친정의 8남매와 40여 명의 가족들이 모두 예수님을 영접하게 되었습니다. 그 놀라운 결과를 보고, 저는 하나님께서 정말 기적을 행하신다는 것을 깨닫게 되었습니다. 어릴 적 외갓집에 가면 '예수쟁이'라며 저를 놀리고 피하던 사촌 형제들이 20년 후에는 모두 예수쟁이로 변해 있었던 것입니다. 어머니의 기도는 하나님의 계획 속에서 가족들을 변화시키는 도구가 되었습니다.

저는 어머니의 기도를 통해 신앙의 뿌리를 내렸습니다. 어머니의 기도는 친정 가족들과 우리 가족 모두를 하나님 앞으로 이끄는 강력한 힘이었습니다.

저는 모태신앙으로 자랐지만, 어린 시절의 저는 그저 교회를 다니는 것에 불과했습니다. 하지만 중학교 1학년 여름 수련회에서 하나님과의 첫 만남을 경험하게 되었습니다. 그때 저는 처음으로 제가 죄인임을 깨닫고, 예수님 앞에 눈물로 회개했습니다. 그 순간, 주님은 저를 따뜻하게 안아 주셨습니다. 제 안에 깊은 감동과 평안을 심어 주셨습니다.

하지만 인생은 항상 순탄하지 않았습니다. 고등학교 1학년 때 갑자기 무릎 통증이 찾아왔고, 그 통증은 점차 심해져 걷기조차 어려운 상태가 되었습니다. 병원에 갈 형편이 되지 않았기에, 기도로 병을 치유해 주신다는 노 권사님을 찾아갔습니다. 자전거에 실려 갔던 저는 단 한 번의 기도로 걸어서 집으로 돌아왔습니다. 정말 믿기지 않는 놀라운 기적과 같은 경험이었습니다. 그때 주님께서 저에게 "내가 너를 사랑한다!"는 음성을 들려주셨고, 저는 그 음성에 깊이 감동하여 눈물을 쏟았습니다.

그러나 망각의 동물인 저는 고등학교 시기를 지나며 신앙에 대해 의심을 품게 되었습니다. '모든 종교가 자신만이 구원의 길이라고 주장한다면, 그건 결국 도박이 아닌가?'라는 생각이 머릿속에서 떠나지 않았습니다. 그 의문은 저를 여러 종교를 공부하게 만들었고, 때로는 하나님에 대한 회의와 반항으로 가득 찬 시간을 보내게 했습니다. 하지만 하나님은 저를 결코 포기하지 않으셨습니다.

대학에 입학한 후, 성경 공부 모임을 통해 다시금 하나님을 만나게 되었습니다. 처음에는 기독교를 비판하려는 마음으로 성경 공부를 시작했지만, 차츰 성경 속에서 발견한 진리와 예수님의 사랑이 제 마음을 열게 만들었습니다. 도서관에서 온갖 성경 주석을 펼쳐 놓고 성경을 연구하면서, 성경의 역사성과 진실성에 대해 확신하게 되었고, '예수님이 확실히 하나님의 아들이며 나의 구원자이시다'라는 믿음을 얻게 되었습니다. 그 후 하나님은 제 인생에 개입하셨고, 실제로 저와 동행해 주신다는 것을 제 삶의 여정 가운데 확실하게 보여 주셨습니다.

예수님을 인격적으로 만난 후, 저는 인생의 목표를 하나님께 영광을 돌리는 삶으로 바꾸었습니다. 저는 학업, 가정, 사회에서 하나님을 우선시하며 최선을 다했습니다. 특히 하나님의 영광을 위해 최선을 다해야 한다는 열공의 결과로 성적이 맨 하위 수준에서 최상위권으로 뛰어올랐고, 더 큰 비전을 꿈꾸게 되었습니다.

그러나 예수님을 발견한 기쁨과 함께 인생의 역경과 시련이 예고 없이 찾아왔습니다. 아버지의 실직에 이어 어머니께서 뇌출혈로 쓰러지자, 저는 학업을 포기하고 어머니를 간호하며 생업에 뛰어들어야 했습니다. 이때에도 하나님께서 제게 힘을 주셨고, 기도 중에 '어머니의 소망이 대학졸업'임을 깨닫고 학업과 다양한 가축을 키우는 생업을 병행하는 각고의 노력 끝에, 끝내 학위를 받을 수 있었습니다.

대학을 졸업한 후, 군 문제와 부모님 부양의 생업을 동시에 해결해야 하는 문제가 닥쳤습니다. 이때도 하나님께서 기적적으로 공군 학사장교에 합격하게 하셨습니다. 이 역시 하나님의 큰 인도하심이었습니다. 저는 기계공학 전공을 살려 비행단의 항공기정비 장교와 공군기술고등학교 교관으로 기계 전공에 맞게 경력을 쌓을 수 있어서 하나님께 감사했습니다. 제대 후 진로도 탄탄대로가 열릴 것으로 기대했었습니다.

제대 시점에, 저의 기대대로 전공 분야인 포스코에 기계직으로 당당히 합격했습니다. 그러나 하나님의 계획은 달랐습니다. 우연한 동기로 지원한 IT 전문기업 데이콤에 합격하게 된 것입니다. 이 길은 기존의 7년간의 전공지식, 경력과는 전혀 다른 새로운 길이었습니다. 당시 저는 IT에 대해 아무것도 알지 못해 입사 후 곧 퇴직의사도 밝혔지만, 과장님이 만류하는 등 하나님은 그곳에 머물게 하셨습니다. 이후 좋은 선배를 만나게 하시고, 각고의 학습과 노력을 통해 저를 훈련시키셔서

IT 분야에서 전문성을 쌓을 수 있도록 도와주셨습니다.

저의 삶은 또 한 번의 큰 변화를 겪게 됩니다. IT 전문기업에서 10년간 국가 행정전산망 구축과 기업 내 G/W, HR, ERP, KMS, 이러닝 등 경영정보시스템(MIS) 구축 전문가로 성장했으나, 사내 현업 부서장이었던 직장 선배의 집요한 제의에 의해 벤처 스타트업에 합류하게 된 것입니다. 그런데 처음 계획과는 달리 건설 IT 분야의 일을 맡게 되었습니다. 그동안 나름 MIS 분야에서 좋은 인맥과 경력을 쌓아왔는데, 전혀 새로운 건설 IT를 하게 된 것입니다. 그동안 쌓아온 것들이 쓸모없게 된 상황이었고, 건설업에 관해서는 거의 바닥부터 새롭게 쌓아 올려야 했습니다.

하나님의 인도하심은 여기서 끝나지 않았습니다. 벤처기업 근무 8년 후 경영환경도 녹록지 않고 몸도 마음도 지쳐 사직하고 휴식을 취했습니다. 이때 안식년을 맞아 귀국한 어느 선교사님을 만나 영성 훈련을 받게 되었는데, 하나님께서 저를 깊이 만나고 안아 주시고 위로해 주셨습니다. 이 시기가 사회생활 30여 년 중에 하나님만 바라보고 하나님과 대화하는 가장 꿀맛 같은 시간이었습니다.

그러던 차에 하나님은 선교사님과 저의 기도를 통해 창업이라는 계획을 주셨습니다. 저는 완강히 부인했습니다. 성격도 내성적이고, 기술자이고, 자금도 없고, 사업 아이템도 전혀 생각나지 않았습니다. 그러나 하나님은 저를 독려해 주시며 기발한 방법으로 창업의 길로 인도해 주셨습니다. 정부 R&D 과제를 통해 창업 아이템과 자금을 마련하게 하신 것입니다. 창업자로서의 삶은 전혀 다른 길이자 새로운 세상 같았습니다. 그저 하나님께 매달리고 기도할 수밖에 없었습니다. 창업 이후에도 하나님은 여러 새로운 제품과 고객과 프로젝트와 경험의 길로 인도하셨습니다. 하나님의 인도하심으로 창업 16년째를 맞았습니다. 많지는 않지만 여러 직원들과 함께 고객들에게 가치를 제공하고 나름의 고용창출을 하며 하나님 나라 확장에 쓰임 받고자 달리고 있습니다.

저의 인생 여정은 큰 물줄기가 방향을 틀 듯 하나님의 인도하심 속에서 변화를 겪었습니다. 어쩌면 하나님께서 이렇게 말씀하시는 것 같습니다. "너의 경험과 지식, 인맥을 다 버리고 나만 따라오지 않을래?" 그 길은 때로는 힘들고 고통스럽고, 늘 긴장과 스트레스를 받는 삶이었지만, 제 손을 꼭 잡고 앞서 나가시는 든든한 아버지 하나님을 경험할 수 있어서 감사하고 기쁠 뿐입니다. 하나님이 저의 든든한 인도자가 되시니 말입니다. 앞으로도 그분의 계획을 따르는 삶을 살아가고자 합니다.

세상의 성공이나 부귀보다도 더 큰 기쁨은, 하나님이 언제나 함께 계신다는 사실입니다. 기쁠 때나 슬플 때나, 좋을 때나 어려울 때나 하나님이 제 옆에 계십니다. 하나님께서 허락하신 가족, 친구, 동료, 이웃 또한 하나님의 선물임을 기억하며 감사하며 살겠습니다.

천국을 향한 여정

박태형 InfoBank 대표

판교 유스페이스에서 '하프타임 예배'가
시작되었습니다. 크리스천 비율이 4%도
안 되는 판교테크노밸리의 젊은이들을
위해 영적 쉼과 재충전의 시간을 제공하게
된 것은 하나님의 큰 은혜입니다.
물론 우리가 해봐야 뭘 얼마나 하겠습니까?
아무리 노력해도 자라게 하시는 분은
하나님뿐임을 알고, 그저 열심히 심고
물을 줄 따름입니다.

"범사에 기한이 있고 천하 만사가 다 때가 있나니 날 때가 있고 죽을 때가 있으며 심을 때가 있고 심은 것을 뽑을 때가 있으며 죽일 때가 있고 치료할 때가 있으며 헐 때가 있고 세울 때가 있으며 울 때가 있고 웃을 때가 있으며 슬퍼할 때가 있고 춤출 때가 있으며 … 사랑할 때가 있고 미워할 때가 있으며 전쟁할 때가 있고 평화할 때가 있느니라 … 하나님이 모든 것을 지으시되 때를 따라 아름답게 하셨고 또 사람들에게는 영원을 사모하는 마음을 주셨느니라 그러나 하나님이 하시는 일의 시종을 사람으로 측량할 수 없게 하셨도다"(전 3:1-4, 8, 11).

나이가 들수록 이 전도서 말씀이 마음 깊이 와닿습니다. 67년 인생을 돌아보니 하나님의 섭리와 은혜가 곳곳에 스며 있음을 깨닫게 됩니다. 믿음의 걸음이 느린 저에게 간증의 기회를 주신 것은 제 인생의 수많은 시행착오를 통해 하나님께 영광을 돌리라는 뜻인 것 같습니다.

인생이 한편의 꿈과 같다는 생각이 듭니다. 그 꿈에 주님이 함께하시면 구원의 역사가 되고, 그렇지 않으면 연기처럼 사라지는 꿈이 될 텐데, 제 꿈에 주님이 계셔서 정말 다행입니다.

> "예수께서 이르시되 나는 부활이요 생명이니 나를 믿는 자는 죽어도 살겠고 무릇 살아서 나를 믿는 자는 영원히 죽지 아니하리니 이것을 네가 믿느냐"(요 11:25-26).

제 인생을 구약의 이스라엘 민족의 여정에 따라 다섯 단계로 나누어 보았습니다.

1. **노예 시대**(0-37세): 3대째 크리스천 가정에서 태어났지만, 진정한 믿음 없이 육신과 세상의 노예로 살아감
2. **방황의 1차 광야 시대**(38-58세): 결혼과 창업으로 '출애굽'은 했지만, 여전히 세상의 가치관에 묶인 선데이 크리스천으로 지냄
3. **진군의 2차 광야 시대**(59-65세): 시련을 통해 나를 향한 하나님의 계획을 찾아 가나안을 목표로 한 고난의 행군을 함

4. **가나안 정복의 사명 시대**(66세-현재): 예수님의 제자로, 크리스천 기업인으로 하나님 나라 확장에 동참함
5. **영원한 천국 시대**: 아직 도달하지 못했지만 우리 모두의 궁극적 목적지

1. 노예 시대: 보이지 않는 하나님의 손길

3대째 모태신앙이었지만, 그저 부모님의 뜻에 따라 억지로 교회를 다닐 뿐 마음속에 진정한 믿음은 없었습니다. 예배 시간에는 졸기 일쑤였고, 세상 속에 빠져 살았습니다. 그런데도 하나님께서는 저를 세 번이나 죽음의 문턱에서 구해 주셨습니다. 대학 시절 취중에 길을 건너다 과속택시에 치였지만 살아났고, 군대에서 10m 절벽에서 떨어졌지만 나무 위에 떨어져 목숨을 건졌습니다. 직장 초년생 때는 음주운전으로 폐차될 정도의 대형 사고를 당했지만 살아남았습니다. 주님의 지팡이와 막대기로 저를 살려 주셨지만, 영적으로 무딘 저는 깨닫지 못했습니다. "내가 사망의 음침한 골짜기로 다닐지라도 해를 두려워하지 않을 것은 주께서 나와 함께 하심이라"(시 23:4).

저를 키워 주신 할머니는 거동이 불편하셔도 매일 몇 시간씩 기도하셨고, "항상 기뻐하라, 쉬지 말고 기도하라, 범사에 감사하라"는 말씀을 몸소 실천하셨습니다. 할머니의 기도 덕분에 제가 이 자리에 서 있다고 믿습니다. 1993년 68세로 소천하신 아버지는 "두려워하지 말라. 내가 너와 함께함이라"라는

이사야 말씀을 참 좋아하셨습니다. 그래서 저도 조금 담대한 편이 된 것 같습니다.

유학을 다녀와 미국 투자은행에 취직하여 높은 연봉과 함께 세상적인 성공을 누렸지만, 육신의 욕심으로 살았습니다. 그러던 중 "슬기로운 아내는 여호와께로서 말미암느니라"라는 잠언의 말씀대로, 주님이 보내 주신 착하고 슬기롭고 아름다운 아내와 결혼하면서 출애굽하게 되었습니다.

2. 방황의 1차 광야 시대: 창업과 시련을 통한 믿음의 씨앗

37세에 결혼하고 이듬해 집 마루에서 인포뱅크를 창업했습니다. 그러나 곧 IMF 외환위기가 닥쳐 회사는 완전히 망한 상황이 되었고, 온 가족이 길바닥에 나앉을 위기에 처했습니다. 그럼에도 주일에 교회에 가면 그날 말씀이 마치 하나님이 저에게 주시는 말씀 같았습니다. "내일 일을 위하여 염려하지 말라"(마 6:34). "우리가 환난 중에도 즐거워하나니 이는 환난은 인내를, 인내는 연단을, 연단은 소망을 이루는 줄 앎이로다"(롬 5:3-4).

엉터리 선데이 크리스천이었음에도 하나님은 저를 사랑해 주시고 힘을 주셨습니다. 매일 계속된 위기 속에서도 밤늦게 아내와 손잡고 기도하면 평안한 잠을 주셨습니다. "여호와께서 그의 사랑하시는 자에게는 잠을 주시는도다"(시 127:2).

이 시기에는 매일 새벽에 일어나 12시 지나 퇴근하던, 집에서 잠만 자던 시절이라 신혼인 아내가 고생이 많았습니다. 창업 후 3개월 만에 낳은 자녀는 아빠 얼굴을 알지 못해 저만 보면 울었습니다. 3살 때 40도 넘는 고열이 나서 아내가 병원에 데리고 갔는데, 친구인 의사가 저에게 연락을 해왔습니다. 증세가 위중하니 아빠도 오라는 것이었습니다. 자녀가 세상에 와서 아빠도 알아보지 못하고 떠날 수도 있다고 생각하니, 눈물이 비 오듯이 앞을 가리고 가슴이 찢어지듯 아프고 숨이 막혔습니다. 정말 쉬지 않고 기도하면서 병원 중환자실로 가서 하나님께 절규했습니다. 저를 데려가도 좋으니 제발 딸만은 살려 달라고…. 하나님 은혜로 아이는 열이 내리고 며칠 후 퇴원했습니다. 이런 은혜를 경험하고 나서 저는 주일에는 예배 후 일하지 않고 가족과 함께하기로 결심했습니다.

이후에도 회사 상황은 여전히 어려웠지만, 하나님은 우리에게 탈출구를 마련해 주셨습니다. 1998년, 우리는 국내 최초로 기업메시징서비스를 개발 출시했고, 이것이 회사 회생의 전환점이 되었습니다.

3. 진군의 2차 광야 시대: 시련을 통한 영적 성장

1972년 부모님이 전 재산을 바쳐 설립하신 미션스쿨에 2015년 말 뜻밖의 교육청 감사 사태가 벌어지며 큰 시련을 겪게 되었습니다. 가까운 친구와 동료로부터 비롯된 일이었기에 너무 비통하여 잠을 이루지 못했습니다. "나를 책망하는 자는 원수가 아니라 … 그는 곧 너로다 나의 동료, 나의 친구요 나의 가까운 친 우로다"(시 55:12-13).

그전에는 무덤덤하게 읽던 시편 말씀을 읽을 때마다 눈물이 많이 났습니다. "여호와는 나의 능력과 찬송이시요 또 나의 구원이 되셨도다 … 내가 죽지 않고 살아서 여호와께서 하시는 일을 선포하리로다"(시 118:14, 17).

"너희가 온 마음으로 나를 구하면 나를 찾을 것이요 나를 만나리라"(렘 29:13)는 말씀대로, 일하고 자는 시간 외에는 모든 시간을 예배와 찬양과 말씀으로 채우다 보니, 상처 입고 낙담할 틈 없이 회복되었습니다.

이후에도 이해하기 어려운 억울한 재판 등이 계속됐지만, 하나님께서는 저를 지켜주셨습니다. 뜻밖의 업무방해죄로 징역 10개월, 집행유예 2년 선고를 받고 나와서 아내와 함께 하늘을 바라보는데, 구름 속에서 하나님이 "괜찮다. 내가 지켜준다"라고 말씀하시는 것 같았습니다. 우리가 살아 숨 쉬는 것이 모두 하나님의 은혜임을 다시 깨달았습니다. 전에는 나름대로 의롭게 살아왔다고 생각했는데, 그것이 자기 의와 교만이었습니다. 의인은 정말 없고, 넘어지지 않도록 늘 조심하며 주님의 편에 서서 선한 일을 하도록 주의해야겠다고 다짐합니다. "의인은 없나니 하나도 없으며"(롬 3:10). "선 줄로 생각하는 자는 넘어질까 조심하라"(고전 10:12).

4. 가나안 정복의 사명 시대: 크리스천 IT 기업인으로서의 사명

이와 같은 일들을 겪으며 광야 단련도 받고, 집행유예도 끝나고, 드디어 저도 회사도 약속의 땅 가나안 정복전, 사명의 시대가 시작된 것 같습니다. 감히 예수님 제자로 하나님 나라 확장에 동참하는 영광에 참여할 수 있을까 가슴이 떨리지만, 하나님이 아담과 하와에게, 그리고 홍수 후 노아와 자녀들에게 말씀하신 "생육하고 번성하라, 충만하고 정복하라"라는 창세기 말씀을 회사 슬로건으로 선포했습니다. 이는 단순히 회사의 성장만을 의미하는 것이 아니라, 하나님의 뜻을 이 땅에 펼치라는 명령으로 받아들였습니다.

우리나라의 놀라운 발전은 한국에 복음이 전파되면서 세워진 교회와 미션스쿨을 통해서 하나님이 복을 부어 주셨기 때문입니다. 그러나 현재 젊은 세대의 신앙이 사라져가는 것이 현실입니다. 이제는 미션컴퍼니들이 일어나야 합니다. 우리의 소명은 믿음의 동료들과 함께 직장 선교사의 역할을 감당하면서, 가정과 일터와 교회가 융합된 공동체를 이루는 것입니다. "일어나라 빛을 발하라 이는 네 빛이 이르렀고 여호와의 영광이 네 위에 임하였음이니라"(사 60:1).

이러한 비전으로 2023년 2월 판교 유스페이스에서 '하프타임 예배'가 시작되었습니다. 크리스천 비율이 4%도 안 되는 판교테크노밸리의 젊은이들을 위해 영적 쉼과 재충전의 시간을 제공하게 된 것은 하나님의 큰 은혜입니다. 물론 우리가 해봐야 뭘 얼마나 하겠습니까? 아무리 노력해도 자라게 하시는 분은 하나님뿐임을 알고, 그저 열심히 심고 물을 줄 따름입니다. "나는 심었고 아볼로는 물을 주었으되 오직 하나님께서 자라나게 하셨나니 … 오직 자라게 하시는 이는 하나님뿐이니라"(고전 3:6-7).

5. 영원한 천국을 향하여

나이가 곧 70을 바라보지만 늦게 믿음을 가져서 그런지, 천국에 가서 하나님 아버지께 칭찬을 받고 싶습니다. "착하고 충성된 아들아, 수고 많았다"라고요. 천국에 가서 아는 분들을 많이 만나는 것이 제 꿈입니다. "지혜 있는 자는 궁창의 빛과 같이 빛날 것이요 많은 사람을 옳은 데로 돌아오게 한 자는 별과 같이 영원토록 빛나리라"(단 12:3).

천국 갈 때까지 열심히 씨 뿌리고 물 주며 달려가겠습니다. "나는 아직 내가 잡은 줄로 여기지 아니하고 오직 한 일 즉 뒤에 있는 것은 잊어버리고 앞에 있는 것을 잡으려고 푯대를 향하여 그리스도 예수 안에서 하나님이 위에서 부르신 부름의 상을 위하여 달려가노라"(빌 3:13-14).

2021년 봄에 소천하신 어머니가 평생 가장 좋아하시고, 떠나시기 전날 주일에 함께 부른 찬송가 405장 3, 4절로 간증을 마칩니다.

이제껏 내가 산 것도 주님의 은혜라.
또 나를 장차 본향에 인도해 주시리.
거기서 우리 영원히 주님의 은혜로
해처럼 밝게 살면서 주 찬양하리라. 아멘.

여호와 이레,
준비시키시는 하나님

방두영 이레산업 대표이사

어머니가 집으로 돌아오자마자 하신 말씀은
"할머니가 이대로 돌아가시면 안 된다.
너희는 이렇게 기도해라. 엄마와 싸웠던 기억은
모두 지워지고, 나머지는 다 기억할 수 있게
해달라고"였습니다. 기도를 시작한 지
3개월이 지나 눈을 뜨신 할머니는 놀랍게도
어머니와의 기억을 모두 잊으셨고,
그렇게 하나님을 반대하셨던 분이 교회에
나가시고 명예 집사까지 받으셨습니다.

저는 1남 1녀의 장남으로 태어났습니다. 현재는 모두 하나님을 믿는 가정이 되었지만, 여기까지 오는 길에는 많은 일들이 있었습니다.

부모님이 맞벌이를 하셔서, 저는 주로 친할아버지와 할머니의 보살핌을 받으며 자랐습니다. 친척 중에는 신내림을 받은 무당도 계셨는데, 할머니와 가까운 사이여서 저희 집에 자주 오셨습니다. 그때부터 집에 부적이 하나둘 붙기 시작했습니다. 무당인 친척이 "두영이 쌀이 썩는다"라고 말하면, 할머니는 쌀을 바꾸고 기도하러 다니셨던 모습이 기억에 남습니다.

저를 놓고 할머니가 특별히 신경 쓰셨던 이유는, 아버지가 3남 1녀 중 막내였고, 집안의 장자들이 일찍 세상을 떠나는 일이 많았기 때문입니다. 할머니는 저만큼은 지키고 싶어 하셨던 것 같습니다.

시간이 지나면서 집에 부적이 점점 많아지자, 하나님을 믿던 어머니는 기도하는 마음으로 할머니가 붙이신 부적을 하나하나 떼어내기 시작하셨고, 결국 종교적 갈등이 벌어졌습니다.

제가 초등학생이었을 때, 아버지는 지방으로 출장을 가셨습니다. 어느 날 밤, 잠들어 있던 저는 문이 열리는 소리에 눈을 떴습니다. 할머니가 식칼을 들고 서 계셨고, 입에서 "예수쟁이 너 오늘 끝장을 봐야겠다. 너의 눈을 모조리 뽑아 버리겠다"라는 말을 내뱉으셨습니다. 할머니는 저와 제 여동생에게 나가라고 하셨고, 저희는 거실에서 덜덜 떨며 기다렸습니다.

다행히 어머니가 할머니의 칼을 뿌리쳤고, 결국 할머니는 자신의 방으로 들어가셨습니다. 저는 더 이상 이렇게 살다가는 어머니와 헤어질 것만 같아 "엄마, 내가 여동생 잘 돌보고 있을 테니 외갓집에 다녀오세요"라고 말씀드렸습니다.

어머니와 떨어진 지 약 3개월이 지났을 무렵, 어느 날 아파트 옥상에 올라가 공원 쪽을 바라보았습니다. 다른 가족들이 웃으며 고기를 구워 먹는 모습을 보면서 눈물이 났고, 나는 왜 이렇게 태어나 이런 삶을 살아야 하나 하는 생각에 몸을 던지려 했습니다. 그 순간, 어머니에게 했던 약속이 떠올랐습니다. "내가 여동생 잘 보고 있을 테니 웃으며 만나자." 그 생각에 차마 뛰어내리지 못하고 집으로 돌아왔는데, 그때 할머니가 문 앞에 쓰러져 계셨습니다.

저는 이 소식을 아버지께 전했고, 구급차에 실려 간 할머니는 뇌출혈로 82세에 병원에 입원하게 되셨습니다. 그 후 어머니는 집으로 돌아오셨는데, 돌아오자마자 하신 말씀은 "할머니가 이대로 돌아가시면 안 된다. 너희는 이렇게 기도해라. 엄마와 싸웠던 기억은 모두 지워지고, 나머지는 다 기억할 수 있게 해달라고"였습니다. 저는 어머니께 왜 하나님이 집안을 이 지경으로 만들고 이렇게 힘들게 하시냐며 불평했지만, 어머니의 말씀을 따라 기도하기 시작했습니다.

기도를 시작한 지 3개월이 지나, 응급실에 있던 할머니가 기적처럼 눈을 뜨셨습니다. 82세의 나이에 눈을 뜨신 할머니는 일반 병동으로 이동하게 되셨습니다. 어머니는 할머니를 뵈러 가시며 "기도대로 될 것이다"라고 말씀하셨습니다. 저는 어머니에게 할머니가 욕하고 물건을 던지실 텐데 가지 말라고 말렸지만, 어머니는 믿음을 가지고 가셨습니다.

놀랍게도 할머니는 어머니와의 기억을 모두 잊으셨고, 그렇게 하나님을 반대하셨던 분이 교회에 나가시고 명예 집사까지 받으셨습니다. 2009년, 할머니는 92세에 하나님의 부르심을 받고 소천하셨습니다.

아버지의 신앙회복도 간증 중 하나입니다. 아버지가 청년 시절 교회에서 열심히 봉사하실 때 의문의 사고로 아버지의 큰형과 작은형이 젊은 나이에 세상을 떠났습니다. 그때 할머니는 아버지에게 네가 교회에 다녀서 너의 큰형과 작은형이 세상을 떠났다고 말씀하셨고, 그 일로 아버지는 교회를 멀리하셨습니다. 그러나 할머니가 교회를 다니시기 시작하면서 "예수님이 이렇게 좋은 분이신 줄 알았다면 나도 믿었을 텐데"라고 아버지에게 고백하셨고, 아버지 역시 다시 신앙을 회복하셨습니다. 그리고 2014년에는 저희 집안의 첫 장로님이 되셨습니다.

아버지는 장로가 되시면서 '직분을 절대 권력으로 삼지 않겠다'며 교회의 모든 봉사와 공적인 예배에 참여하셨고, 1년에 두세 번 정도만 새벽 예배를 빠지셨습니다. 아버지는 신앙적으로나 인간적으로나 모범이 되셨습니다.

그 모습을 보고 자라며 고등학교 진학을 준비할 때, 저는 처음으로 하나님의 음성을 들었습니다. 연합고사를 보기 전 새벽 기도회에 나가 "하나님, 제가 지원한 학교에 붙게 해주세요. 열심히 하겠습니다"라고 기도드렸습니다. 그때 "너의 자리가 마련되었다. 가거라"라는 소리가 들렸습니다. 주변을 둘러봐도 아무도 없었는데, 어머니께 말씀드리자 어머니는 "그것은 하나님의 음성이다"라고 하셨습니다. 결국 저는 꼴찌였던 내신을 극복하고 연합고사 점수를 합쳐 반 5등으로 입학할 수 있었습니다.

2007년, 대학교 1학년 때 한국에서 열린 100주년 평양대부흥기도회에 참석했습니다. 한 외국 목회자의 "청년들이여, 꿈과 비전을 가져라"라는 설교를 듣고 간절히 기도했습니다. 마지막 날, 하나님께서 제게 "비행기 안에 기독교 방송을 틀어라"라는 말씀을 주셨습니다. 저는 "하나님, 제가 어떻게 기독교 방송을 틀 수 있을까요?"라고 물었고, 하나님은 "크리스천이 운영하는 항공 관련 기업을 너에게 주겠다"라고 하셨습니다. 저는 그 말씀에 "네"라고 대답하며 달려왔고, 지금 돌아보니 하나님께서 저에게 맡기신 이레산업이 그런 회사가 아닐까 하는 생각이 듭니다.

더 많은 간증과 하나님의 역사가 있는 집안이기에, 기도하며 한 걸음 한 걸음 전진하고 있습니다.

이성으로 만난 하나님

백원장 애니포인트미디어 대표이사

과학을 좋아하고 공학을 전공한 제게는 과학적으로 설명되지 않는 것은 진리가 될 수 없다는 생각이 깊게 자리 잡고 있었습니다. 하지만 신앙생활 초기의 몇 가지 설명할 수 없는 체험들로 인해, 눈에 보이는 것이 전부가 아니라는 것을 인정하게 되었습니다.

저는 유복자로 시골에서 자랐습니다. 군인이었던 아버지의 사고로 어머니와 형제들과 함께 조부모님 곁에서 살았습니다. 우리 마을은 제가 중학교 1학년이 되어서야 전기가 들어온 곳이었습니다. 유교적 전통이 강했고, 제사를 지내지 않는 것은 상상도 할 수 없었습니다.

경제적으로도 매우 어려웠습니다. 형과 저는 어렸을 때부터 학교에서 돌아오면 거의 매일 땔나무를 했습니다. 전교 학생회장을 지내면서도 중학교 때까지 수학여행을 한 번도 가지 못했습니다.

다행히 국가유공자 자녀로 등록금을 면제받았고, 공부를 잘해 학교 다니는 데는 큰 문제가 없었습니다. 대학교 1학년 때 처음으로 교회에 나갔지만, 곧 학생운동에 참여하면서 교회와 거리를 두게 되었습니다. 당시 학생운동에서 배운 내용들은 주로 휴머니즘과 사회주의적 성향을 띠고 있어 교회와는 어울리지 않았습니다.

대학 4학년 때 현재의 아내를 만났습니다. 아내의 집안은 할아버지 때부터 크리스천이었지만, 당시 아내의 믿음은 크지 않았습니다. 결혼 후 교회에 다니기 시작했지만, 진정한 믿음은 없었습니다. 성경 이야기가 비이성적이라고 생각했고, 종교를 지배 계층의 도구로 여겼습니다. 때로는 교회 버스를 기다리다 백화점 셔틀버스를 타고 놀러 가기도 했습니다.

1989년, 미국으로 유학을 떠났습니다. 그곳에서 교회 공동체의 도움을 받으며 신앙생활을 시작했습니다. '이왕 교회에 다니기 시작한 거니 확실하게 믿어 보자'는 마음으로 교회의 거의 모든 행사에 열심히 참석했습니다. 이성적으로만 설명할 수 없는 신비한 체험도 하게 되었습니다. 하지만 이런 열정에도 불구하고, 삶의 근본적인 변화는 없었습니다.

1996년 귀국 후 대학교수가 되었다가, 1999년에는 사업가의 길을 걷기 시작했습니다. 이 과정에서 점차 하나님과 멀어졌습니다. 주일 예배에 빠지는 횟수가 점점 늘더니, 급기야는 성탄절 예배나 참석하는 수준까지 내려갔습니다.

2008년 미국 LA 근교의 버뱅크에 회사를 설립했지만, 예상치 못한 투자 취소로 큰 어려움을 겪었습니다. 앞이 캄캄한 상황에서 극단적인 생각까지 하게 되었습니다. 이때 아내의 위로에 힘을 얻어 다시 하나님께 기도하기 시작했습니다.

위기의 순간, C. S. 루이스의 「순전한 기독교」와 「기적」을 접하게 되었습니다. 이성적 탐구를 통해 무신론자에서 크리스천이 된 그의 여정은 저에게 큰 영향을 주었습니다. 20세기 최고의 석학이었던 C. S. 루이스의 명쾌한 설명은 그야말로 사막 한가운데서 만난 오아시스 같았습니다.

과학을 좋아하고 공학을 전공한 제게는 과학적으로 설명되지 않는 것은 진리가 될 수 없다는 생각이 깊게 자리 잡고 있었습니다. 하지만 신앙생활 초기의 몇 가지 설명할 수 없는 체험들로 인해, 눈에 보이는 것이 전부가 아니라는 것을 인정하게 되었습니다.

기독교 신앙에 대해 진지하게 고민하면서, 저는 기독교의 기본적인 주장들이 정말 진리인지 확인해 보고 싶었습니다. 한 번 사는 인생을 허상을 위해 낭비하고 싶지 않았습니다. C. S. 루이스를 시작으로 존 레녹스, 노먼 가이슬러, J. P. 모어랜드 등의 책을 통해 많은 설득을 받았습니다.

동시에 리처드 도킨스와 같은 무신론자들의 주장도 검토했습니다. 독실한 크리스천인 존 레녹스와 무신론의 대표격인 리처드 도킨스의 공개 논쟁을 여러 번 보면서, 예상과 달리 존 레녹스의 주장이 더 설득력 있음을 발견했습니다.

무신론자들의 세계관을 깊이 살펴보면서, 그들의 주장이 논리적 모순에 **빠진다**는 것을 발견했습니다. 그들의 견해는 대체로 '물질이 전부이며, 우리가 속한 우주는 그냥 영원 이전부터 존재하며, 우리 인간은 물질로부터 우연에 우연을 거듭하여 존재하게 되었으며, 따라서 절대적인 옳고 그름이란 존재하지 않으며, 우리는 죽으면 그것으로 그냥 끝'이라는 것입니다.

예를 들어, 철저한 무신론자인 리처드 도킨스는 "선과 악은 없으며, 우리는 모두 DNA라는 음악에 맞춰 춤을 추는 것뿐이다"라고 말합니다. 이런 관점에서는 윤리적 판단이나 비판이 불가능해집니다. 히틀러나 스탈린의 행위도 단순히 그들의 DNA와 환경의 결과일 뿐이라고 봐야 합니다.

반면, 성경은 우주의 기원과 인간의 존재 이유, 그리고 구원의 과정을 일관되게 설명합니다. "태초에 하나님이 천지를 창조하시니라"라는 간단한 선언은 우주의 궁극적 원인에 대한 설명을 제공합니다. 또한 성경은 하나님을 물질이 아닌 영으로 설명하며, "보이는 것은 나타난 것으로 말미암아 된 것이 아니니라"(히 11:3)라고 말합니다.

이런 탐구 과정을 통해, 기독교는 '덮어놓고 믿어야 하는 것'이 아니라는 것을 깨달았습니다. 성경은 "마음을 다하고 뜻을 다하여 그를 찾으면 만나리라"(신 4:29)라고 말하며, 예수님도 "네 마음을 다하고 목숨을 다하고 뜻을 다하여 주 너의 하나님을 사랑하라"(마 22:37)라고 가르치십니다. 이는 우리의 의지와 감정, 지적 능력을 총동원하여 하나님을 찾고 사랑하라는 말씀입니다.

무한한 하나님을 유한한 인간이 완전히 이해할 수는 없겠지만, 하나님은 자신을 알 수 있는 충분한 정보와 수단을 우리에게 주셨습니다. 성경과 이성을 함께 사용하여 탐구할수록 하나님과 구원자 예수님을 더 잘 알게 되고, 이로 인해 우리의 삶이 근본적으로 변화될 수 있다고 확신하게 되었습니다.

또한 '하나님은 전지전능하시고 사랑 그 자체이신데, 어떻게 세상에는 이렇게 죄악이 넘치는가?'라는 오랜 의문에 대해서도 해답을 찾았습니다. 하나님의 사랑이 가능하려면 인간에게 자유의지가 주어져야 하고, 그 결과로 죄가 생길 수 있으며, 이를 해결하기 위해 구원자가 필요하다는 논리적 흐름을 이해하게 되었습니다.

저는 한국에서도 이성적인 접근 방법으로 기독교를 설명하는 기회가 많아지기를 소망합니다. 특히 대학생과 청년들에게 다가갈 수 있는 기독교 변증 활동이 활발해지기를 바랍니다. 미국의 주요 대학에서 인기리에 진행 중인 베리타스 포럼과 같은 행사가 한국 대학에서도 더 활발하게 열리기를 희망합니다.

특히 젊은 세대가 이성과 신앙의 조화를 경험하고, 더 깊고 의미 있는 신앙생활을 할 수 있게 되기를 소망합니다. 제가 경험한 것처럼, 이성적 탐구를 통해 오히려 더 강한 신앙을 가질 수 있다는 것을 많은 이들이 깨닫게 되기를 바랍니다.

나의 하나님, 나의 성령님, 나의 예수님

손정숙 프리랜서, 꿈꾸는요새 꿈클럽장, 청년창업사관학교 코치

사건이 몰아칠 때면 저는 다시 의기소침하고
무기력하고 절망과 근심 가운데 허덕이지만
그때마다 풍랑 속에서 예수님을 부르던
제자들처럼 "주님, 사건에 개입해 주세요!
평강을 주세요!"라고 주님을 부릅니다.
그러면 주님이 주님의 방식으로
개입하심으로 사건들은 해결되고 다시
평강이 임하는 것들을 경험하고 있습니다.

하나님은 저에게 참으로 많은 것을 주셨습니다.

저는 사람들을 좋아하고 사람들이 가지고 있는 장점을 찾아주는 것을 좋아합니다. 또 상상하며 추측하는 것을 좋아해서 상대가 얘기할 때 벌써 그다음 몇 단계의 상황들을 혼자 상상하며 즐깁니다. 또 지적 호기심이 많아서 궁금한 것이 많고 질문하는 것을 좋아합니다. 또 나의 틀을 깨고 더 큰 나를 만들어가는 것을 좋아하고, 더 넓은 세계로 나아가고자 하는 열정과 호기심을 좋아합니다.

반면에 제 삶에 찾아온 큰 난제는 사춘기 때 시작된 인생의 허무함과 고독이었습니다. 살면 뭐 하나 죽으면 그만인데, 돈이 있으면 뭐 하나 죽으면 그만인데, 권력이나 명예가 있으면 뭐 하나 죽으면 그만인데…. '죽으면 그만'이라는 대명제 앞에서 삶의 동기나 존재 이유를 찾는 것은 저에게 너무나 큰 숙제였습니다.

'언젠가 하나님을 만나면 물어봐야겠다!' 하나님을 찾는 여정을 시작했지만 좀처럼 하나님은 만나지지 않았고 허무함과 고독감이 20대와 30대 청년 시절 내내 저를 따라다녔습니다. 바쁠 때는 가라앉았다가도 주말이나 휴일이 되면 쓰나미처럼 밀려오며 저를 괴롭혔습니다. 교회 설교를 들어도 하나님은 만나지지 않았고, 성경을 읽어도 만나지지 않았으며, 구약의 하나님과 신약의 하나님은 너무나 다르게 느껴져서 구약성경 앞부분을 읽다가 늘 중단되었습니다. 기도집을 사서 외워도 보았지만, 눈만 감으면 30초도 집중할 수 없었습니다. '목석이 되면 좋겠다, 로봇이 되면 좋겠다.' 허무감이 밀려올 때면 생각이 멈추기를 기다리며 신음했었습니다. 인격적인 하나님을 만나고자 하는 갈증은 그렇게 깊어만 갔습니다.

'내가 꿈이 없는 것이 내 탓이 아니었구나! 나도 시대의 희생양이구나! 아이들에게 자아를 찾아주고 꿈을 갖게 하는 교육환경을 만들어야겠다! 하나님이 주신 달란트를 찾아주는 교육환경, 또 그 달란트로 직업을 가질 수 있는 사회 환경! 그것이 기성세대가 다음 세대에게 물려줄 책임과 의무구나!'

대학 교육학 강의 때 스쳐간 생각이 저의 교육관이 되었습니다. 저는 먼저 넓은 세상을 경험하고 언젠가 교단에 서게 되면 그 경험을 세상에 들려줄 때가 오리라는 생각으로 대학원에 진학했습니다.

지난 세월을 되돌아보면, 내가 하나님을 만나지 못했을 때도 하나님은 내 삶에 개입하셨다고 확신할 수밖에 없는 삶의 순간들을 떠올리게 됩니다. 그리고 그 고난과 광야의 시간들에 위로를 받습니다.

카이스트 석사 진학을 했을 때, 삼성에 입사했을 때, 삼성그룹 인재 공모에서 멀티미디어 아트디렉터 연수과정에 선정되었을 때, 삼성SDS 사내벤처 1호로 뽑혀서 벤처사업을 시작하게 되었을 때를 돌이켜 보면, 분명 그 시간과 사건들은 어느 날 갑자기 찾아와 제 인생에 새로운 문이 열렸고 저는 그 문으로 들어가면서 새로운 인생의 전환점을 맞게 되었습니다.

그 길은 너무나 갑작스럽고 제 계획과 무관하게 다가오는 방식이었습니다. 하나님은 저의 기질과 성품과 재능을 사용하시며 만남의 축복을 통해 저의 상처를 치유하고 회복하는 방향으로 인도하셨습니다.

제가 삼성그룹에서 멀티미디어 아트디렉터 교육을 받은 것은 나이 30세, 1995년, 제 인생의 대전환점이었습니다. 픽사의 토이스토리가 나올 때였고, 월드와이드웹이 발표된 다음 해였고, 솔빛조선미디어 CD롬 타이틀이 붐을 일으키던 시대였습니다. 삼성 이건희 회장은 디자인경쟁력 시대를 천명할 때였고, 저는 미국아트센터대학에서 초빙한 교수님들 지도하에 미국, 유럽, 아시아의 유적지와 박물관을 투어하며 시대별로 인류의 문명들에 담긴 디자인 정신과 양식을 공부하는 시간을 가졌습니다. 저는 한국이 세계적 경쟁력을 갖는 것은 문화콘텐츠라고 생각했었는데, 문화상품은 서로 다름으로 승부할 수 있기 때문이었습니다.

그러나 여전히 저의 정신세계와 영적 상태는 열등감과 우월감, 인정욕구, 지적 호기심과 세상적인 야망에 휩싸여 있었습니다. 그러면서도 허무함과 고독함에 늘 마음에 평안이 없었고, 성경에 나오는 "기뻐하라, 감사하라"는 말이 늘 부담스러웠으며, 감사한다는 사람들의 말이 늘 가식처럼 들렸습니다. 나에게는 왜 오늘이 없고 내일을 살아야 하는지 너무 괴로웠습니다.

그러던 2008년 초 어느 날, 드디어 성령 하나님을 만나게 되었습니다. 방언기도를 받게 된 것이 그 계기였습니다. 저는 해외초빙 선교사 부흥집회 때마다 참석했고 주일에는 주님의 교회에서, 수요일에는 순복음교회에서 성경 공부를 하며 말씀을 먹고 마시고 몸에 바르기 시작했습니다. 성령 하나님은 기도가 안 되던 저에게 방언기도를 통해 늘 찬양곡을 주셨고 저는 찬양곡의 가사를 음미하며 기도하며 찬양하며 성령이 이끄시는 하나님 나라를 묵상하기 시작했습니다.

"주 하나님 지으신 모든 세계", "나 같은 죄인 살리신", "전능왕 오셔서", "하늘 가는 밝은 길이", "성령이 계시네" 등 찬송가 50여 곡으로 천지 창조의 하나님, 성령 하나님, 삼위일체 하나님을 곡조가 있는 기도로 묵상하며, 때를 따라 인도하심을 받으며, 하나님의 존재 체험을 하며 살았습니다.

그때 제 아이들이 5살, 3살이었는데, 저는 하나님을 찾고, 아이들은 저를 찾고, 남편은 아이들을 찾는 풍경이 일어날 정도로 저는 광신자처럼 하나님과 말씀에 빠져 있었습니다. 그때 마침 주님의 교회에 박원호 목사님이 새로 오셔서 초대교회, 성령, 하나님 나라를 설파하기 시작하셨고, 저는 담임목사님의 광팬으로 평생 목말랐던 말씀이 들리기 시작하고 읽히기 시작해서 성경 공부에 푹 빠져 살았습니다. 그렇게 12단계 성경 공부, 예수친구사역, 미션퍼스펙티브 등 10년간의 단기속성코스를 채워가게 되었습니다.

그러나 성령체험을 했어도 저는 예수님이 믿어지지 않았습니다. 인본주의, 합리주의, 실용주의 교육철학으로 완전히 무장된 저의 철옹성은 좀처럼 깨어지지 않았습니다. 사업이 망한 후 10년이 넘는 광야의 시간은 예수님을 만나는 시간, 예수님의 음성을 듣는 훈련의 시간이었습니다.

저에게 광야의 끝은 보이지 않았고 모든 문은 닫혀 있었으며 모든 길은 막혀 있었습니다. 남자애들의 사춘기를 혹독히 겪으며 저는 모든 것을 내려놓았습니다. 말씀공부, 선교사님들의 간증, 목사님들의 유튜브 설교를 들으며 하나님이 각자의 인생에 어떻게 역사하시는지 배웠습니다. 주님의 음성 듣는 법, 삶으로 말씀을 사는 법에 목말라하며 들었고, 또 솔리데오 믿음의 공동체에서 회원 인터뷰를 진행하면서 각 대표님들의 삶에 역사하시는 하나님의 스토리를 듣기 시작했습니다.

언젠가부터 예전에는 들리지 않던 소리들이 내 안에서 들리기 시작했습니다.

'네가 그리스도의 사랑을 아느냐?' '나는 네가 지금껏 찾던 여호와 하나님이다.' '너는 내가 너를 어떻게 먹일지 볼 것이라.' '보행자와 달려도 피곤할진데 달리는 말과는 어찌 경주하겠느냐.'

예수님을 얻기 위해 내가 지불해야 했던 것은 40년의 세월과 제가 가진 모든 것이었지만 그 값은 너무 저렴했습니다. 왜냐하면 나는 아직 살아 있고 삼위일체 하나님을 온전히 만났기 때문입니다.

이젠 40년의 인생 광야를 지나 가나안 땅에 입성해서 가나안 시대를 사는 법을 배워가고 있습니다. 젖과 꿀이 흐르는 땅, 은혜의 땅, 가나안 땅에 입성하면 장밋빛 대로가 펼쳐져 있는 줄 알았습니다. 그러나 가나안 땅은 세상을 쳐다볼 때는 바로 광야로 바뀌고 삼위일체의 하나님을 바라볼 때만 평안으로 인도하시는 하나님을 경험할 수 있는 곳임을 알게 되었습니다.

여전히 옛적의 혈기와 우유부단함, 초조함과 염려, 교만과 질투의 감정들이 몰려오지만 풍랑 속에서 바다를 잠재우는 예수님을 제 안에 모시고 있을 때 주님의 평안이 저를 지키심을 알게 되었습니다.

사건이 몰아칠 때면 저는 다시 의기소침하고 무기력하고

절망과 근심 가운데 허덕이지만, 그때마다 풍랑 속에서 예수님을 부르던 제자들처럼 "주님, 사건에 개입해 주세요! 평강을 주세요!"라고 주님을 부릅니다. 그러면 주님이 주님의 방식으로 개입하심으로 사건들은 해결되고 다시 평강이 임하는 것들을 경험하고 있습니다. 그것은 때론 기다림으로, 때론 내려놓음으로, 때론 주님의 뜻을 알아가는 시간들로 채워졌습니다. 저에게 허락된 이 땅의 날들은 하나님 쓰시기에 합당한 그릇으로 빚어가시는 시간임을 깨닫게 되었습니다.

한번은 조현병으로 6년 이상을 고생한 친구의 딸을 위해 중보 기도하는 가운데, 주님의 음성이 들렸습니다. "내가 이미 그에게 모든 것을 주었노라!"

무슨 뜻인가 해서 그 모녀를 만났더니 그 딸은 이미 예수님을 영접해서 신앙생활을 하고 있었습니다. '예수님을 주셨다는 뜻이구나!' 그 이후로 전화와 카톡으로 3년을 멘토링하며 격려해 주었는데, 지금은 음악 치료사로 대학원도 마치고 직장도 잘 다니고 있습니다.

저는 지금 뉴스레터 작가로, 스타트업 코치로, 노션과 챗GPT강사로 N잡러, 프리랜서의 일을 하고 있습니다. AI 마케팅, 프롬프트 엔지니어링, 파이썬, 퀀텀컴퓨팅 분야도 관심을 갖고 공부하고 있습니다.

시대는 바야흐로 인공지능, 생성형 AI 시대로 급변하고 있고, 국제사회는 분쟁과 갈등이 끝없이 이어지며, 지구환경은 탄소배출과 기후 위기로 세계 곳곳에 자연재해가 멈추지 않고, K-컬처의 세계적 영향력이 커가고 있지만, 한국은 여전히 자살률 1위, 인구절벽의 당면 과제들을 안고 있습니다. 이 거대한 문제들 앞에서 주님, 저는 무엇을 할 수 있을까요?

영원함과 거룩함을 갈망하는 한 작은 영혼에게 주께서 주시는 마음의 메시지는 이것입니다. "영원이 맞닿아 있는 오늘 하루에 감사하라. 오늘 허락하신 작은 일들에 충성하라. 오늘 허락하신 모든 인연을 소중히 여겨라!"

주여, 아침마다 주의 말씀에 귀 기울이게 하시어 주의 뜻을 제게 비추옵소서. 오늘 허락하신 작은 일들에 충성하게 하시고 저에게 맡기신 모든 영혼을 위해 기도하게 하소서. 저와 가정이 주님을 더 알고 더 가까이 가게 하시고 주님과 동행하는 삶 되게 하소서.

"영생은 곧 유일하신 참 하나님과 그가 보내신 자 예수 그리스도를 아는 것이니이다"(요 17:3). 아멘.

독실한 유교 집안에 오신 하나님

신종호 제이씨원 대표

올해로 제가 창립한 회사가 20주년을
맞았습니다. 돌아보면 하나님의 도우심과
인도하심이 아니었다면 불가능했을
순간들이 많았습니다. 위기의 순간에서도
하나님은 새로운 길을 열어 주셨고,
불건전한 관행을 정리하고 깨끗한
비즈니스를 할 수 있게 해주셨습니다.

저는 유교적 전통이 뿌리 깊은 가정에서 태어났습니다. 고령 신씨 26대손으로, 저희 집안은 조상 숭배와 유교 의식을 생명처럼 여겼습니다. 조상들의 제사와 시제가 연례 행사였고, 마을에서는 굿과 샤머니즘이 생활 속에 깊이 스며들어 있었습니다. 가까이에 교회가 있었지만, 저희 가족들은 감히 교회에 갈 생각조차 하지 못했습니다.

아버지는 술을 즐기시다 과음으로 건강을 잃고 간경화로 제가 초등학교 1학년 때 세상을 떠나셨습니다. 이후 어머님이 홀로 가정을 이끌어가셨고, 저는 시골에서 농사일을 도우며 자라야 했습니다. 어린 나이에 아버지를 잃은 충격과 농사일의 고단함은 저를 일찍 성숙하게 만들었습니다.

어린 시절, 무당의 초자연적인 현상을 직접 목격하면서 영적 세계의 존재를 확신하게 되었습니다. 그때 제 마음속에 '이

왕 믿을 거라면 가장 위대하고 능력 있는 최고의 신을 믿어야 겠다'는 생각이 스쳤습니다. 지금 돌이켜 보면, 그때 이미 하나님께서 제 마음에 작은 씨앗을 심으셨던 것 같습니다. 이 경험은 후에 제가 기독교 신앙을 받아들이는 데 중요한 역할을 했습니다.

가정 형편이 어려웠던 저희 가족은 중학교를 졸업하고 먼저 서울로 올라오신 형님이 계신 곳으로 이사를 하게 되었습니다. 정들었던 고향 마을을 떠나 서울로 이사하면서, 유교적 관습에서 벗어날 수 있는 기회를 얻었습니다. 이것은 제 삶의 큰 전환점이 되었습니다.

20대 중반, 대기업 연구소에서 근무하던 시절 처음으로 친구의 소개로 교회에 나가게 되었습니다. 하지만 한참 친구들과 테니스와 등산 등 아웃도어 액티비티를 즐기는 데 매료되어 있던 때라 일정이 없을 때만 가끔씩 교회에 나가게 되었습니다. 교회를 나가는 것이 조상님들께 죄를 짓는 것처럼 느껴졌고, 성경에 대한 지식도 전혀 없어서 설교 말씀을 이해하는 데 어려움이 있었습니다. 그리고 여전히 유교적 사고방식 때문에 마음 한구석이 불편했습니다.

그러던 어느 날, 주일 예배 중에 "예수님이 나를 위해 십자가에 못 박히셨다"는 목사님의 설교가 제 가슴 깊이 파고들었습니다. 그 순간 설명할 수 없는 뜨거운 감정이 밀려오며, 저도 모르게 주체할 수 없을 정도로 하염없이 눈물이 쏟아졌습니다. 그것은 제 의지와 상관없는 강력한 영적인 힘이었고, 그동안 지었던 모든 죄와 우상 숭배의 죄가 떠올라 눈물로 회개하게 되었습니다.

예배를 마치고 집으로 돌아가는 길, 제 마음은 말로 표현할 수 없는 기쁨과 감격으로 가득 찼습니다. 마치 새로운 눈으로 세상을 보는 것 같았습니다. 거리의 나무들은 더 푸르게 빛났고, 길가의 작은 꽃들도 전에 없이 아름답게 보였습니다. 모든 자연이 하나님을 찬양하는 것 같았고, 제 심장은 구원의 기쁨으로 힘차게 뛰고 있었습니다.

걸음을 옮길 때마다 '어떻게 이런 놀라운 일이 독실한 유교 집안에서 자란 부족한 나에게 일어났을까?'라는 생각이 밀려왔습니다. 조상 대대로 이어온 전통과 믿음을 뒤로하고, 제가 예수님을 만나게 된 것이 너무나 신기하고 감사했습니다. 입술에서는 저도 모르게 감사의 말들이 끊임없이 흘러나왔습니다.

그 순간 깨달았습니다. 제가 하나님을 찾은 것이 아니라, 하나님이 먼저 저를 찾아오셨다는 것을…. 유교의 전통 속에서 살아온 저에게 전지전능하신 하나님께서 직접 찾아오셔서 당신의 자녀로 삼아 주신 것입니다. 이 깨달음은 제 영혼 깊숙이 스며들어, 그날부터 제 삶의 방향을 완전히 바꾸어 놓았습니다.

그 후, 믿음의 3대인 아내를 만나 결혼하고, 주일을 성실히 지키는 신앙생활을 시작했습니다. 1세대 신앙인으로서 많은 시련이 있었지만, 하나님의 은혜는 끊임없이 제 삶을 인도했습니다.

특히 큰형님의 딸 결혼식이 주일에 잡혔을 때, 저는 주일성수 서원기도에 대한 하나님과의 약속을 지키기 위해 축의금만 두 배로 보내 드리고 결혼식에 참석하지 않았습니다. 그로 인해 형님들의 반발도 있었지만, 하나님의 때에 형님들 모두 예수님을 영접하게 되었고, 저희 가족은 이제 주일이 아닌 토요일에 모든 행사를 치르게 되었습니다. 이 경험은 제 신앙을 더욱 굳건하게 만들었고, 가족들에게도 큰 영향을 미쳤습니다.

신앙이 성장하면서도 공학도로서 과학적 사고와 성경의 기적 사이에서 많은 고민이 있었습니다. 아무리 노력해도 성경의 기적들이 쉽게 믿어지지 않았습니다. 그러나 어느 날 성경을 읽다가 "예수님이 바로 하나님이시다"라는 단순한 진리를 깨닫게 되었습니다. 예수님이 바로 천지 만물을 창조하신 하나님이시라면, 성경 속 기적들이 의심할 필요 없는 일이란 것을 알게 되었습니다.

그때부터 성경의 모든 말씀이 새롭게 다가왔고, 예수님의 기적들이 마음 깊이 믿어졌습니다. 이 깨달음은 제 신앙과 과학적 사고의 갈등을 해소하는 데 큰 도움이 되었고, 더 깊은 신앙의 길로 인도했습니다.

올해로 제가 창립한 회사가 20주년을 맞았습니다. 돌아보면 하나님의 도우심과 인도하심이 아니었다면 불가능했을 순간들이 많았습니다. 위기의 순간에서도 하나님은 새로운 길을 열어 주셨고, 불건전한 관행을 정리하고 깨끗한 비즈니스를 할 수 있게 해주셨습니다.

최근 사무실 이전 과정에서도 비용을 하나도 들이지 않고 좋은 인테리어 사무실로 이전하도록 도우시는 놀라운 하나님의 인도하심을 체험했습니다. 모든 것이 하나님의 섭리였음을 고백합니다. 그분의 손길이 닿지 않는 곳은 없습니다.

인생은 짧고, 세상은 잠시 스쳐 지나가는 곳입니다. 인생은 선택의 연속입니다. 잠시 스쳐갈 이 세상과 영원한 생명 사이에서, 저는 하나님 나라에 투자하는 것이 가장 지혜로운 선택이라고 믿습니다.

우리가 아는 것보다 모르는 것이 훨씬 많은 이 우주에서, 창조주 하나님을 아는 것은 가장 큰 축복입니다. 하나님은 여러분 한 사람 한 사람에 대한 특별한 계획을 가지고 계십니다. 제 경험을 통해 여러분도 하나님의 사랑과 인도하심을 만나 보시기 바랍니다.

제 평생에 가장 잘한 일은 예수님을 나의 구주로 영접하고 섬긴 일입니다. 예수 그리스도를 믿고 그분의 사랑을 경험한다면, 여러분의 삶에도 놀라운 변화와 행복한 여정이 시작될 것입니다. 하나님의 놀라운 은혜와 사랑이 여러분 모두와 함께하기를 기도합니다.

역경 속에서 만난 하나님

심재수 ㈜방주 CMO, 극동방송 운영위원

평사원 엔지니어가 글로벌 기업의 CEO가
되기까지 함께하신 하나님,
또한 18년 동안 결코 녹록치 않은 CEO의
삶을 새벽기도로 이끌어 주신 하나님에 대한
증언이자 신앙고백입니다.
하나님은 말씀과 기도를 통해 창조경영을
하게 하시고 일마다 때마다 용기와 지혜,
믿음과 순종을 일깨우셨습니다.

날마다 말씀 따라 써 내려가는 새벽기도 노트가 어느새 팔십여 권에 이릅니다.

새벽기도 서원 이후 칠천여 일 동안 기록한 기도 제목과 말씀, 그 감동의 노트들을 가끔씩 펼치며 시간 여행을 하곤 합니다. 오래 전 말씀을 통해 받았던 위로가 지금도 저를 이끌어 주는 힘이 되고 있음을 알 수 있습니다. 빛바랜 페이지에 담긴 기업 경영의 심호흡 역시 현재 진행형입니다.

주님은 저의 작은 신음에도 응답하셨습니다. 한 줄의 메모에서 그 당시의 기쁨과 감사가 어제 일처럼 생생하게 느껴집니다.

'적자생존'이라는 말이 있습니다. 우스갯소리로 '적는 자만이 살아남는다'는 뜻입니다. 그렇습니다. 저는 '적자생존'을 통해 풍성한 삶을 누리게 되었습니다. 신앙생활, 체험, 기도

문, 기도응답 그리고 제게 주신 말씀까지 모두 소중한 역사입니다. 하나님과 동행한 기록들이 고스란히 담겨 있기 때문입니다.

하나님은 「네 날을 길게 하리라」는 경영간증 책자를 통해서 그동안 저를 통해 하나님께서 하신 일들을 기록할 수 있는 은혜를 주셨습니다. 방송 매체, 언론, 전국의 교회, 학교에서 간증과 특강으로 부름을 받았고, 국민일보에 연재된 '역경의 열매'와 2011년 한 해 동안 극동방송에서 전했던 최초의 CEO 칼럼 방송을 통해 하나님을 전할 수 있었습니다. 모두가 하나님의 사랑과 은혜입니다.

저는 1980년대 최초의 한글모아쓰기, 한자전환 처리 알고리즘과 단말기를 창안 개발하고 보급함으로 글자처리 체계를 표준화하여 IT 발전 기반에 기여한 유망한 연구원이었습니다. 1984년, 지금의 아내인 여자친구를 따라 서울 영락교회에 다니기 시작했습니다. 결혼에 반대하던 장모님과의 약속을 지키기 위해 결혼한 후 줄곧 주일예배에 참석했지만 선데이 크리스천에 지나지 않았습니다. 그래도 1990년대에는 금융권의 한국 실정에 가장 적합한 '통장겸용현금지급기'를 최초로 창안하여 은행의 창구업무를 분산시키고 고객의 편리성 혁신에 기여함으로 장영실 기술상까지 받으면서 승승장구했습니다.

그러나 교회 출석 14년이 지나고, 1998년 모든 이력과 영광이 물거품이 되는 국가부도의 IMF외환위기에 직면하게 되었습니다. 삶을 포기하고 싶은 절망과 역경이 찾아왔습니다. 그러나 오히려 그때 저는 하나님을 인격적으로 만나게 되었습니다. 1998년 4월, 절망 가운데 마지막 수단으로 새벽기도를 찾게 되었고 조금씩 위로와 평안을 얻었습니다. 곤두박질치는 고난과 함께 하나님께로 돌이킬 수 있었던 것입니다. 두 달이 지난 6월 1일, 저는 하나님 이야기를 기록하기로 마음먹었습니다.

새록새록 하나님을 알아갈 무렵, 대표이사직 제의가 들어왔습니다. IMF로 부도난 직장과 기술 제휴 관계였던 일본 회사가 한국에 회사를 설립하면서 제의한 것인데 엔지니어인 저로서는 경험도 없고 자신도 없었습니다.

망설이고 있던 어느 날, 새벽기도 말씀 중에 솔로몬 왕이 하나님께 국가 경영을 의뢰하며 지혜를 구하는 일천번제의 장면을 보게 되었습니다. 그 순간 나도 회사 경영을 하나님께 맡기면 되겠다는 생각으로 일천번제 천일 새벽기도를 서원했습니다. 두렵고 떨리는 마음이었습니다. 다른 무엇보다 지혜를 구한 솔로몬의 일천번제를 벤치마킹한 것입니다. 그리고 9월 7일, 일본 후지쯔 그룹이 한국에 세운 새로운 회사 출범과 함께 대표이사직을 맡을 수 있었습니다.

이것이 평사원 엔지니어가 글로벌 기업의 CEO가 되기까지 함께하신 하나님, 또한 18년 동안 결코 녹록치 않은 CEO의 삶을 새벽기도로 이끌어 주신 하나님에 대한 증언이자 신앙고백입니다. 하나님은 말씀과 기도를 통해 창조경영을 하게 하시고 일마다 때마다 용기와 지혜, 믿음과 순종을 일깨우셨습니다.

발등에 떨어진 문제를 해결받기 위해 백 일 기도라도 해보자던 새벽기도가 '일천번제 새벽기도'가 되었고 이는 제 생애 동안 새벽기도를 멈추지 않게 해달라는 기도로 바뀌게 되었습니다. 세월은 생각보다 빨라 어느덧 새벽기도 칠천 일(칠천번제)이 지났습니다.

인생의 후반전을 지나고 있는 저는 오늘도 새벽을 깨우며 날마다 말씀 따라 하루를 시작합니다. 지금까지 이끌고 도우시는 하나님께 앞으로도 저의 인생을 맡깁니다. 이 모든 영광을 하나님께 올려 드립니다.

2013년 1월 31일, 겨울비가 내리던 날이었습니다. 오천 번째 새벽기도를 앞두고 청평에 있는 강남금식기도원을 찾았습니다. 이번에도 설렘 가운데 주실 언약의 말씀을 기대하며 금식기도로 그날을 맞이하고 싶었습니다. 2월이 시작되는 심야예배에서 출애굽기 34장이 떠올랐습니다. 모세에게 새 증거판을 다시 만들어 주시는 장면이었습니다. '두 돌판은 바뀌었어도 하나님의 언약의 말씀은 변함이 없다!' 그 깨달음은 저에게 언약의 갱신으로 다가왔습니다.

새벽기도를 시작한 지 26년의 긴 장정이 지나가고 있습니다. 처음 최고경영자의 자리를 제안받고 두렵고 떨려서 망설이고 있을 때 열왕기상 3장 4-15절의 말씀이 위로가 되고 의지가 되었습니다. 저에게는 새벽기도 천 일 작정으로 다가왔던 솔로몬의 일천번제의 비유였습니다.

되돌아보면 아득한 날들이지만 하나님을 알아가는 기쁨과 설렘, 감사의 날들이었습니다. 고통과 절망에 빠져 있던 제게 하나님께서 처음에는 간절한 소망의 말씀으로 다가오시고, 점점 말씀대로 하나하나 보여 주시며 이뤄나가시는 것을 알게 하셨습니다.

최고 경영자의 자리는 순간마다 판단하고 결정하는 자리입니다. 성령과 진리의 지혜가 필요했습니다. 돌아보면 하나님의 약속은 한 점 한 획도 어긋남이 없었고, 모든 것이 살아 계시는 하나님의 확증이었습니다.

지난 긴 세월, 최고 경영자의 자리를 지키고 그 열매를 누릴 수 있었던 것은 언제 어디서나 함께하신 하나님의 은혜입니다. 하나님은 "내가 또 네 날을 길게 하리라"(왕상 3:14)라는 언약의 말씀을 이루게 하셨습니다. 말단 사원에서 일본기업 최고 경영자 자리에 세워 18년간 지켜주셨고, 지금은 창립 36년의 믿음의 기업 ㈜방주의 CMO로서 약속의 기업으로 행진하고 있습니다. 오늘까지 변함없이 언약의 말씀대로 그날을 길게 머물게 하신 것입니다.

저의 간증책 제목을 「네 날을 길게 하리라」로 정하기까지 긴 시간, 여러 사람의 기도와 고심이 있었습니다.

새벽기도 오천 일을 맞은 금식 기도원에서, 밤에 불현듯 "네 날을 길게 하리라"라는 말씀이 스쳐 지나갔습니다. 두 돌판, 증거판에 새겨지는 하나님의 말씀처럼 책 제목은 그렇게 탄생되었습니다. 하나님께서 오래전에 준비하신 언약의 말씀을 우리가 기도를 통해 깨닫기를 기다리셨다는 생각이 들었습니다. 인생과 창조경영의 지혜를 얻게 하시고 성경의 길을 가도록 여기까지 인도하신 것처럼.

주님은 우리에게 영원한 생명을 주시고, 창조하신 것을 오랫동안 누리길 원하시는 분이십니다. 또한 그분은 주신 약속과 사명을 영원히 지키도록 하시고, 우리의 신분과 역할에 맞도록 우리의 날을 길게 해주십니다.

예기치 못한 고난이 다가올 때 하나님을 떠나는 사람이 있습니다. 하나님의 자녀라는 신분을 가방 속에 넣고 하나님의 이름을 지우며 사는 사람이 있습니다. 반면에 오히려 하나님을 찾고 믿음을 회복하는 사람, 믿음을 더욱 견고하게 세워가는 사람, 귀로 듣던 하나님을 눈으로 만나는 사람이 있습니다.

수시로 다가오는 염려와 두려움, 고난을 피할 수는 없지만 거기에 매이지 않도록 기도합니다. 오직 주님의 사랑에 매여 하나님의 사람이 되기를 소망합니다. 날마다 말씀의 씨를 심고 기도로 물을 주다 보면 어느새 믿음의 나무에서 성령의 열매가 열릴 것을 기대하면서.

교회는 출석했지만 성경 말씀이 믿어지지 않고 의심 많은 선데이 크리스천에 머물고 있었던 저에게 IMF 외환위기를 통하여 하나님께서 친히 찾아오셨다는 것을 한참 세월이 지나서야 깨달을 수 있었습니다. 일천번제 새벽기도를 통하여 하나님을 깊이 알아가면서 의심이 질문으로 변했습니다.

왜 IMF 외환위기 같은 환난을 통하여 저를 부르셨는지 새벽기도 제목으로 질문했습니다. 어느 날 성경 말씀을 묵상하던 중에 그 응답을 받을 수 있었습니다.

> "형제들아 우리가 아시아에서 당한 환난을 너희가 모르기를 원하지 아니하노니 힘에 겹도록 심한 고난을 당하여 살 소망까지 끊어지고 우리는 우리 자신이 사형 선고를 받은 줄 알았으니 이는 우리로 자기를 의지하지 말고 오직 죽은 자를 다시 살리시는 하나님만 의지하게 하심이라 그가 이같이 큰 사망에서 우리를 건지셨고 또 건지실 것이며 이 후에도 건지시기를 그에게 바라노라"(고후 1:8-10).

저는 하나님과의 스토리텔링인 「네 날을 길게 하리라」가 출간되는 과정에서 하나님의 방법을 보게 되었습니다. 성소에 쓸 모든 물건을 위해 브살렐과 오홀리압을 비롯하여 일을 할 줄 아는 사람을 부르시고 하나님께서 지혜와 총명을 부어 하나님의 방법대로 만들어가시는 것을 보았습니다(출 36:1). 그 책의 출간 과정이 그러했습니다.

하나님께 영광으로 나타나는 도구가 되기를 소망하며 축배를 했습니다.

위.하.여! 위대하신 하나님 여호와를 위하여(삿 7:18)!

◆ **아름다운 동행**

경영이라는 고독한 길을 걸어가며 큰 부자를 만났습니다. 많은 것보다 소중한 것을 가진 분, 가진 것보다 주는 것이 많은 분을 만났습니다.

사람의 마음을 움직이는 세상에서 가장 힘센 분, 기쁜 일에 더 크게 기뻐해 주시는 분을 만났습니다. 슬픈 일에 더 많이 위로해 주시는 분을 만났습니다.

어려운 일로 낙심할 때 더 큰 힘과 용기로 일으켜 주시는 분, 부족함에도 늘 사랑과 신뢰로 진리 가운데로 인도해 주시는 분을 만났습니다. 무엇이든지 담을 수 있는 큰 그릇을 가진 분을 만났습니다.

기쁠 때나 슬플 때, 힘들고 절망할 때 큰 바위로 함께하시는 분을 만난 것은 하나님의 선물입니다. 겸손, 배려, 나눔, 사랑은 제 마음속 깊은 곳에서 또 다른 세상을 밝힐 수 있는 큰 힘이 되어 줄 것입니다.

하나님의 성품을 닮은 분을 만나게 하신 하나님께 감사드립니다. 그분과 함께할 수 있는 시간까지 함께할 수 있기를 소망합니다. 그 이후에도 그리울까 봐 걱정입니다. 감동과 존경, 눈물이 담긴 아름다운 잔에 세상에 없는 값진 포도주를 담아 감사의 잔을 높이 듭니다.

_2011년 여름, 새벽기도문 중에서

하나님의 자녀 됨을 감사합니다

여인갑 (주)시스코프 대표이사

기도를 마치고 나면 마음이 가벼워지고,
저의 일 역시 맡겨진 대로 이루어질 거라는
믿음이 생기곤 했습니다. 그렇게 중보기도
사역을 마친 후에 신기하게도 회사의
매출이 예상보다 크게 성장하는 것을 보며
제가 노력한 것 이상으로 좋은 결과를
얻는다는 감사한 마음이 들었습니다.

저는 장로이신 할아버지 가정에서 자라며 자연스럽게 신앙생활을 해왔고, 디모데와 같은 믿음의 길을 걸어왔습니다. 사도 바울처럼 극적인 신앙 체험은 없었습니다. 어쩌면 그런 체험이 있었는데도 제가 깨닫지 못했을지도 모르지요. 하지만 직장생활과 신앙생활을 함께해 온 시간 속에서 하나님께서 제게 베푸신 은혜를 생각하며, 그 감사함을 나누고자 합니다.

가끔씩 이런 질문을 듣곤 합니다. "기도하면 정말 응답을 받나요?" 물론 매번 기도할 때마다 즉각적인 응답을 받는 것은 아닙니다. 하지만 제가 원하는 것을 구하기보다, 더 큰 뜻과 이웃을 위해서 기도할 때, 결국 그 길이 열리는 것을 경험했습니다.

제가 외국계 컴퓨터 회사의 한국 법인 대표로 일하고 있었을 때였습니다. 1999년 말, 독일 본사로부터 한국 법인을 철수

하겠다는 갑작스러운 통보를 받았고, 20명에 가까운 직원들이 큰 불안에 휩싸였습니다. 하지만 그때 저는 위기가 곧 기회가 될 수 있다는 생각을 했습니다. 어려운 상황 속에서도 저희는 힘을 모았고, 하나님의 지혜가 함께한 것처럼 직원들이 십시일반 자금을 투자하여 종업원지주회사인 ㈜시스코프를 설립할 수 있었습니다. 회사는 하나님의 은혜로 지금까지 25년을 넘게 지속적으로 운영되고 있습니다.

중보기도 세미나에 참석했을 때 일입니다. 2일간의 세미나가 끝나고 마지막 시간에 저희 팀 8명이 "여리고 땅 밟기" 시간을 갖기 위해 모여 있었는데, 그중 한 자매가 갑자기 어지러움을 호소하며 쓰러졌습니다. 당황스러운 상황이었지만, 저희는 마음을 모아 함께 간절히 기도했습니다. 그 과정에서 저는 단순히 말로만 기도하는 것이 아니라, 마음을 모아 간절히 구할 때 그 힘이 더욱 커진다는 것을 느꼈습니다. 예정된 땅 밟기 일정을 마치고 돌아왔을 때, 그 자매는 무사히 회복되어 있었습니다. 그 순간은 단순한 기도의 힘을 넘어서, 주께서 저희와 함께 만드신 놀라운 경험으로 남아 있습니다.

세미나 후, 저는 10주 동안 중보기도실 골방에서 매주 한 시간씩 중보기도에 참여했습니다. 사업을 운영하느라 바쁜 일상 속에서도, 잠시나마 개인적인 시간을 내려놓고 교회, 나라, 그리고 이웃을 위한 여러 가지 기도 제목으로 기도하는 시간은 제 삶에 큰 위안과 성찰을 주었습니다. 기도를 마치고 나면 마음이 가벼워지고, 저의 일 역시 맡겨진 대로 이루어질 거라는 믿음이 생기곤 했습니다. 그렇게 중보기도 사역을 마친 후에 신기하게도 회사의 매출이 예상보다 크게 성장하는 것을 보며 제가 노력한 것 이상으로 좋은 결과를 얻는다는 감사한 마음이 들었습니다. 그 해 말에는 회사의 성과가 좋아 주주들에게 30%의 배당을 할 수 있었습니다.

많은 사람들에게 자신의 믿음이나 가치를 전하는 것은 결코 쉬운 일이 아닙니다. 하지만 자신이 소중히 여기는 것을 다른 사람과 나누고 그들에게 도움이 될 수 있다면 그만큼 보람 있는 일도 없을 것입니다. 저는 이러한 나눔의 과정에서 배운 것들을 통해 인간적인 성장과 깊은 깨달음을 얻었습니다.

제가 참여했던 전도폭발훈련은 단순히 신앙을 전하는 것뿐만 아니라, 상대방의 입장에서 그들의 궁금증을 해결하고, 마음을 열게 하는 대화 방법을 배울 수 있는 시간이었습니다. 처음에는 많은 성경 구절과 내용을 암기해야 해서 어렵게 느껴졌습니다. 그러나 그러한 훈련 과정에서, 단순히 외우는 것 이상의 의미를 찾게 되었습니다. 그것은 바로, 제가 믿고 따르는 가치를 상대방에게 자연스럽고 진심으로 전하는 방법을 배운다는 점입니다.

훈련 기간 동안, 훈련생 2인과 멘토 그리고 전도 대상자 모두 4명은 매주 1명씩 10명의 사람들과 만나 복음을 나누는 기회를 가졌습니다. 이들은 각기 다른 배경과 삶의 경험을 가진 사람들이었고, 그들과의 만남은 제게도 큰 배움의 시간이었습니다. 주중 낮 시간에는 각자 회사일로 바쁜 관계로, 저녁 시간이나 주말에 함께 모여 대화를 나누었습니다. 처음에는 어색했지만 점차 그들이 가진 질문이나 고민에 대해 성경을 통해 답을 제시하면서, 저 또한 제 믿음에 대해 다시 한번 깊이 생각하고 성숙해질 수 있었습니다.

이러한 경험은 복음을 전하기 위한 목적뿐 아니라, 서로 다른 생각을 가진 사람들과 대화를 나누고 그 과정에서 제가 성장하는 기회도 되었습니다. 때로는 상대방이 제 말을 쉽게 받아들이지 않을 때도 있지만, 중요한 것은 저의 진심이 전달될 수 있도록 최선을 다하는 것입니다. 제가 할 수 있는 것은 씨앗을 뿌리는 것뿐이고, 그 씨앗이 어떻게 자랄지는 하나님께서 해결해 주실 것입니다.

저는 한때 성경을 깊이 읽고 이해하고자 성경 100독 사관학교에 다녔던 적이 있습니다. 많은 사람들이 "성경을 얼마나 읽어야 하나"고 묻곤 하는데, 제 대답은 간단합니다. "적어도 자신의 나이만큼은 읽어야 한다"고요. 성경은 그 자체로 방대한 책이라, 처음에는 이해되지 않는 구절들이 많습니다. 하지만 성경을 계속 읽다 보면, 신구약 사이에 연결되는 말씀들이 있고, 이를 찾아보며 주석서를 참고하다 보면 어느 순간 퍼즐이 맞춰지는 듯한 기쁨을 느끼게 됩니다. 그럴 때 저는 "유레카!"라고 외치곤 합니다.

성경을 여러 번 읽고 연구하다 보면, 감사하게도 책을 통해 삶을 더 깊이 이해하게 되는 순간들이 많습니다. 어려운 부분이 있더라도 반복해서 읽고 공부하다 보면, 어느 순간 깨달음을 얻게 되는데, 그 과정에서 저는 깊은 성찰을 할 수 있었습니다.

제가 가지고 있는 성경 관련 자료 중에서 가장 소중하게 여기는 것은 「옥스퍼드 원어성경대전」이라는 책입니다. 이 책을 처음 접하게 된 것은 약 25년 전이었는데, 한 신학생이 찾아와 한 달에 한 권씩 구입해 줄 수 있겠냐고 제안했습니다. 그때는 책 한 권에 5만 원이었고, 모두 110권에 이르는 대작이었기에 망설였습니다. 제 재정 상황도 그리 여유롭지 않았지만, 그 신학생을 돕고 싶다는 마음에 결국 모세오경(구약의 첫 5권)만이라도 구매하기로 했습니다.

시간이 흐르고, 출판 사정으로 인해 책이 늦게 나오긴 했지만, 마침내 이 방대한 성경 주석이 완간되어 지금은 그 책을 통해 성경을 더욱 깊이 이해할 수 있게 되었습니다. 다 이해하지는 못해도 히브리어와 헬라어로 성경을 볼 수 있게 된 것은 저에게 큰 배움의 기회가 되었고, 그 외의 배경 지식도 쌓아가며 성경을 더 깊이 이해하는 데 큰 도움이 되었습니다.

이 경험을 통해 저는 깨달았습니다. 삶 속에서 만나는 작은 우연들은 사실 결코 우연이 아니며, 모두 어떤 의미를 가지고 있다는 것입니다. 이 글을 읽는 여러분에게도 지금 이 순간이 우연이 아닌, 삶에 중요한 메시지를 전달하는 계기가 될 수 있기를 바랍니다. 비록 성경이라는 책이 종교적인 텍스트로 느껴질 수 있지만, 그 안에서 얻을 수 있는 깨달음과 지혜는 우리 모두의 삶에 도움이 될 수 있습니다. 삶을 깊이 이해하고, 우리의 일상 속에서 더 많은 지혜를 발견하며, 서로 더욱 배려하고 소중히 여기는 시간을 가지는 하나님의 자녀가 되시기를 바랍니다.

"영접하는 자 곧 그 이름을 믿는 자들에게는 하나님의 자녀가 되는 권세를 주셨으니"(요 1:12).

제 인생에 가장 복된 일은 예수님을 만난 것입니다

오주병 코이노 대표이사, 선교사

이 세월 동안 기쁘고 감사한 일들,
가슴 벅찬 일들, 절망감, 역경, 고난들이
함께 존재했습니다. 최근 몇 년 전에는 성대
건강을 잃어 2년 동안 말하지 않고
살아야만 하는 시절도 있었지만,
하나님의 은혜로 수술 없이 온전히
회복되었습니다. 부모님과 가족들의
구원을 위해 오랜 시간 기도해 왔는데,
주님은 신실하게 응답해 주셔서
많은 가족들이 예수님을 믿게 되었습니다.

저는 1990년 대학 캠퍼스에서 선교단체 CCC를 통해 예수님을 믿게 되었습니다. 가족이나 가까운 친인척 중에는 예수님을 믿는 분이 없었고, 스무 살이 될 때까지 복음에 대해 들어본 적도 없었습니다. 고등학교 시절은 어떤 이유인지는 몰라도 나의 실존에 대한 고민과 생각들이 많았습니다. 대학생이 된 이후로 더욱 '나는 누구인가?', '어떻게 살아야 잘 사는 것인가?', '어떻게 살아야 후회 없는 인생을 살 것인가?'라는 생각들이 늘 머릿속 한편을 차지하고 있었고, 많은 책 속에서 질문의 해답을 찾으려 노력했습니다.

80년대는 민주화 열기로 가득했고 세상은 혼란스러웠지만 공대 친구들은 철학과는 거리가 멀었습니다. 여러 가지 생각으로 잠 못 이루는 밤이 많아졌습니다. 캠퍼스 벤치에 홀로 앉아 생각에 잠겨 있노라면 낯선 사람이 말을 걸고 예수님을 전하곤 했습니다. 자신의 시간을 타인을 위해 사용하는 그분들이 또 다른 질문으로 자리 잡았습니다.

그렇게 3년의 시간이 흘러갔습니다. 지속적으로 복음을 전하며 편지를 보내는 같은 과 여자 선배를 보며 마음을 열게 되었고, '도대체 예수가 누구길래 이렇게 자신의 시간을 희생할까?'라는 생각에 예수님이 어떤 분이신지 알고 싶어졌습니다. 그리고 한 남자 선배를 소개받아 3개월 정도 성경 공부를 하게 되었습니다.

3개월 후 선배가 예수님을 믿겠냐며 물었을 때, 믿음에 대한 확신은 없었지만 믿어 보겠다고 하고 예수님을 영접했습니다. 그날 저에게는 어떠한 생각이나 느낌, 감정에 변화가 없었습니다. 그냥 일상의 날들 중 하루였습니다.

하지만 다음 날 아침은 달랐습니다. 평소와 다름없이 일찍 일어나 도서관으로 걸어가는데 그날 아침 공기의 신선한 느낌을 잊을 수가 없습니다. 하늘은 맑고 높았으며, 풀들과 꽃들이 대화를 거는 것 같았고, 새들도 저를 향해 지저귀는 것 같았습니다. 모든 것이 새롭게 느껴졌습니다. 참 이상하다는 생각을 했습니다. 마음은 너무 즐거웠고, 무엇인지 알 수 없는 형언할 수 없는 감정들이 저를 가득 채웠습니다.

그렇게 예수님을 믿는 삶을 시작했습니다. 그 후 저의 삶은 조금씩 변화되었습니다. 가방 안에는 전공책과 함께 성경이 있었고, 도서관에서 공부하는 중에 성경을 읽다 잠든 제 자신을 발견하곤 했으며, 기도하는 삶을 시작했습니다. 복음성가가 좋아졌고, 극동방송을 들었고, 신앙서적들을 구입해서 읽었습니다. 일상은 별 차이가 없었지만 주님을 생각하는 시간들은 조금씩 늘어났습니다.

예수님의 사랑만이 사람을 변화시킬 수 있다는 것을 알게 되었습니다. 사람은 그 무엇으로도 잘 바뀌지 않지만 주님의 사랑을 경험하면 삶에 변화가 생깁니다. 그것들이 주위에서 보이기 시작하자 저의 실존의 문제들도 정리가 되었습니다.

교회와 예수님을 잘못 알았던 제가 부끄러웠습니다. 이런 죄인을 구원해 주시기 위해 예수님께서 십자가에서 돌아가신 것입니다. 그 시절 저는 예수님의 크신 사랑에 눈물로 나날을 보냈습니다. 제 자신이 얼마나 큰 죄인인지 고백하지 않을 수 없었습니다. 주님께 다가가며 주님의 말씀에 순종하면 할수록, 내가 누구이고 어떻게 살아야 하는지가 점점 더 명확해져 갔습니다.

"그런즉 누구든지 그리스도 안에 있으면 새로운 피조물이라 이전 것은 지나갔으니 보라 새 것이 되었도다"(고후 5:17).

사람과 사람들의 영혼에 관심이 많아졌고, 캠퍼스에서 지인과 후배들, 모르는 사람들에게 복음을 전하는 사람이 되어 있었습니다. 그리고 지금도 복음을 증언하는 자의 삶을 살고 있습니다. 복음만이 사람들을 생명으로 인도하며, 주님께서는 한 영혼이 구원받는 것을 그 무엇보다 기뻐하시기 때문입니다.

어떤 직업과 삶을 갖고 있는지보다, 직업과 삶을 통해 하나님을 경험하며 하나님께 영광을 올려 드리는 것이 소중해졌습니다. 제 안에 사랑하는 성령님이 함께 사신다는 사실이 주님을 실망시켜 드리지 않으려 노력하게 했고, 예수님을 닮아가고 싶은 마음들도 생겨났습니다. 물론 여전히 죄를 짓고 살지만, 끝내 승리할 것입니다.

> "오호라 나는 곤고한 사람이로다 이 사망의 몸에서 누가 나를 건져내랴"(롬 7:24).
> "이는 그리스도 예수 안에 있는 생명의 성령의 법이 죄와 사망의 법에서 너를 해방하였음이라"(롬 8:2).

몇 년 전 어느 날 문득 초등학교 1학년 때의 일이 기억났습니다. 친구의 아버지는 목사님이셨고, 넓은 교회 마룻바닥에서 뛰면서 놀았던 것 같습니다. 그중 생생한 기억 하나는, 하얀 도화지 위 오선지 악보 아래서 누군가가 도화지를 넘기고 있었고, 저는 마루에 앉아 친구들과 찬송가를 따라 부르던 모습입니다. 채 1년이 안 되어 그 친구는 전학을 갔고, 대학에서 예수님을 다시 만나기 전까지 신앙과는 상관없는 삶을 살았습니다.

　50년 동안 잊고 있었던 일이 왜 그날 생각이 났는지 모르겠습니다. 어쩌면 예수님을 만난 날이 스물네 살이 아니라 여덟 살 초등학교 1학년 때가 아닐까 싶습니다.

　주님은 여덟 살 이후 16년이 지난 스물네 살 때 저를 다시 찾아오셨습니다. 하나님께서 저를 위해 사람들을 보내 주셨고, 저를 부르셨으며, 다시 주님의 자녀로 삼아 주셨다고 믿습니다. "너희 중에 어떤 사람이 양 백 마리가 있는데 그 중의 하나를 잃으면 아흔아홉 마리를 들에 두고 그 잃은 것을 찾아내기까지 찾아다니지 아니하겠느냐"(눅 15:4).

　서른네 살에 창업하여 ㈜코이노 대표가 되었고, 쉰 살에 선교단체 BTC에서 선교사로 파송을 받았습니다. 기업인이면서 선교사입니다. 주님께서 우리를 구원하셔서 어떤 일로 우리를 부르실 때는 주님의 즐거움에 참여토록 부르시는 것이라고 생각하고 믿습니다. 그래서 이 두 가지 업을 소중하게 생각하며 하나님께 영광 돌리기를 원합니다.

> "그 주인이 이르되 잘하였도다 착하고 충성된 종아 네가 적은 일에 충성하였으매 내가 많은 것을 네게 맡기리니 네 주인의 즐거움에 참여할지어다 하고"(마 25:23).

　예수님을 믿고 34년의 시간이 흘렀습니다. 이 세월 동안 기쁘고 감사한 일들, 가슴 벅찬 일들, 절망감, 역경, 고난들이 함께 존재했습니다. 최근 몇 년 전에는 성대 건강을 잃어 2년 동안 말하지 않고 살아야만 하는 시절도 있었지만, 하나님의 은혜로 수술 없이 온전히 회복되었습니다. 부모님과 가족들의 구원을 위해 오랜 시간 기도해 왔는데, 주님은 신실하게 응답해 주셔서 많은 가족들이 예수님을 믿게 되었습니다.

사업을 하면서 예기치 않게 발생하는 일들, 홀로 감당하기 어려운 문제들 앞에서 늘 주님은 함께해 주셨습니다. 그 문제들 중 하나는 과한 영업을 하지 않아도 회사가 생존할 수 있도록 만드는 것이었습니다. 기도하는 중에 지혜를 주셔서 소프트웨어 구독 모델인 원격지원 애니서포트(http://www.anysupport.net)를 일찍 시작하게 하셨고, 이는 회사의 중요한 토대가 되었습니다.

지나온 세월을 돌이켜 보면 모든 것이 주님의 은혜였습니다. 제 삶에 예수님이 없었다면 참으로 막막하고 어려운 인생이었을 것입니다. 저의 창조주이시며 주인이신 예수님이 계셔서 감사하고 행복합니다.

"구하라 그리하면 너희에게 주실 것이요 찾으라 그리하면 찾아낼 것이요 문을 두드리라 그리하면 너희에게 열릴 것이니" (마 7:7).

천국에 대한 소망이 있습니다. 사랑하는 예수님을 만나는 그 시간 말입니다. 육신으로 이 땅에서 살지만 언젠가는 사랑하고 보고 싶은 주님을 만날 것입니다. 그때까지 주님을 믿고 의지하며, 주님이 맡겨 주신 사명을 잘 감당하며, 이 땅에서 복음으로 삶을 살아내야 합니다.

지금 가장 큰 기도 제목은 사랑하는 두 자녀가 믿음의 계대를 이어가고, 다음 세대의 영적 리더가 되는 것입니다. 또한 가족 모두가 하나님 나라 백성으로서 하나님 나라의 확장을 위해 삶으로 복음을 살아내는 것입니다.

예수님을 믿고 지나온 시간을 되돌아보며 어느 복음성가 가사처럼 고백합니다.

나의 평생에 가장 복된 일은 내가 예수님을 만난 것이라.
나의 평생에 가장 잘한 일은 내가 예수님을 주로 섬긴 것이라.

하나님께서 허락하시고 동행하시는 사명

윤다니엘 베트남 선교사

하나님께서 농인들에게 복음 전하는 일을
농인이 아닌 제게 맡기신 데에는
분명 깊은 뜻이 있으리라 믿습니다.
제게 농인들에게 복음을 전하고 농인들을
가르치고 농인 사역자를 세우라는 사명을
주시고, 선교사로서 소외와 멸시 천대 속에
지내며 복음도 제대로 접하기 어려웠던
농인들에게 이렇게 복음을 전할 수 있게 하신
하나님께 무한 감사를 드릴 뿐입니다.

코로나의 혹독한 어려움이 지나간 지 2년이 넘게 흘렀는데도 한국을 비롯하여 세계가 아직도 상처의 여운이 많이 남은 듯합니다. 베트남도 예외가 아니었던 탓에 여러 정책을 펴가며 어려웠던 환경을 복원시키려 노력하는 모습이 곳곳에서 보이고 있습니다. 하노이에 한국 사람들로 북적이던 지역들도 1/3이 철수하고 나니 한동안 텅빈 듯했지만 최근 들어 조금씩 복원되어가는 모습이 보이곤 합니다. 한인교회들도 성도수가 반은 줄었다는 입소문이 퍼지고 있는 실정이고 베트남 교회들도 별반 다르지 않은 모습입니다.

코로나 기간 동안 예배를 거르지 않기 위해 대체했던 온라인 예배에 많은 성도들이 안주하는 모습도 눈에 띄게 증가한 것 같습니다. "어디서든 예배드리면 되지 꼭 교회에 가야 하나?" 제게 한국인이건 베트남인이건 이런 질문들을 많이 합니다. 요즘은 교회에도 성경책 없이 휴대폰으로 성경과 찬송가를 겸하는 경우가 많습니다. 온라인 예배, 휴대폰 성경 등 21세기 들어서 기술이 사회를 이끌어가는 이런 시기에 어쩔 수 없이 따라오는 현상이라고 생각됩니다. 과거에 엄하시던 장로님이나 목사님이 보시면 전혀 이해하시지 못했을 그런 모습이기도 합니다. 코로나라는 세계적인 팬데믹이 우리에게 가져다 준 이런 모습들을 과연 거부하기만 해서 될 일일까요? 기성세대를 살아온 저로서는 많이 불편하지만 사실 정답을 모르겠습니다.

2016년 12월에 베트남 농인(농아인) 선교를 위해 하나님께서 저를 이곳에 보내셨습니다. 수차례의 농인 단기선교를 통해서 만났던 베트남 농인들의 믿음의 모습을 보며 이곳에 농인 사역자가 세워져야 한다는 뜻을 갖게 되었고, 이로 인해 농인 선교라는 소명을 받은 것 같습니다. 농인 대상 선교는 농인이 직접 하는 것이 그들에게 더 효과적일 수 있다는 생각도 있었지만, 베트남은 사회주의 국가라서 아직 농인들이 스스로 무언가를 해나갈 수 있는 환경이 아니었습니다. 베트남 농인들의 경제적인 문제도 크지만, 신앙생활도 그들 스스로 할 수 있는 것이 없는 상황이었습니다. 그저 이 교회 저 교회 기웃거리며 나름 신앙이 싹트기 시작한 몇몇 농인들을 중심으로 기도 모임을 하는 것만으로도 기적이었습니다.

기도하는 가운데 이들의 신앙을 이끌어 줄 사역자가 절실하게 필요함을 깨달았습니다.

"내가 너희에게 분부한 모든 것을 가르쳐 지키게 하라 볼지어다 내가 세상 끝날까지 너희와 항상 함께 있으리라 하시니라" (마 28:20).

이 말씀을 힘입어, 가르쳐 지키게 하라는 명령을 따라 동행하시는 하나님만 의지하며 사명을 감당하기로 결심했습니다. 가르치는 것에 그치는 것이 아니라, 이제는 가르친 것을 지키게 하는 것이 더욱 중요한 사명임을 말씀을 통해 깨닫게 하셨습니다.

그런데 사역자를 세우려면 정규 신학 코스를 거쳐야 하는데, 농인들이 신학 공부를 한다는 것은 의사소통 문제가 커서 생각조차 하기 어려웠습니다. 마음이 조급하기는 했지만 천천히 하나하나 준비하기로 마음먹고 농인들이 마음 편하게 공부할 수 있는 신학교를 찾기 시작했습니다.

베트남은 사회주의 국가라서 선교가 금지되어 있는 나라입니다. 다만 미국이 원조를 조건으로 1개의 교단만을 들어가게 해서 그나마 기독교의 존재가 간신히 살아 있는 상황이었습니다. 현재는 베트남인들 스스로 운영하는 교단인데, 종교성이라는 정부의 통제하에서 일체 외국인들과의 교류를 제한하고 있는 상황입니다. 최근에는 선교 목적만 아니라면 외국인 목회자들과의 교류도 증가하는 추세라고 합니다. 정부는 베트남인들 스스로 이 교단을 찾아와서 믿음 생활을 하는 것만은 허용하고 있었습니다. 소수 민족의 기독교인들과 합하면 베트남 전체에 기독교인이 약 150만 명 정도는 되는 것 같습니다. 불교 중심 국가인 베트남에서 150만 기독교인의 숫자는 1.5%에 불과하지만 정말 귀한 새싹이기도 합니다. 그래서 일단 이 교단에서 공부하는 것이 좋겠다고 생각했습니다.

이 교단 신학교에 농인들의 신학 공부를 위해 몇 차례 타진을 했는데 그들은 너무나 터무니없는 돈을 요구했습니다. 사실 받아들이기를 거부하는 듯한 표정이 역력했습니다. 농인이 무슨 목회를 하느냐며 무시하는 태도였습니다. 장애인들에 대한 긍휼함은 있지만 자신들이 그들을 위해 할 수 있는 것은 아무것도 없다는 이유 아닌 이유가 전부였습니다. 절망적인 생각이 들었지만 하나님의 동행하심을 믿고 다시 찾아 나섰습니다. 낯선 외국 땅에서 언어 소통도 쉽지 않은 일이었지만 하나님만 의지하고 나섰습니다.

이곳저곳 찾다가 한국인 선교사님들이 운영하는 지하 신학교를 하나둘 만나기 시작했습니다. 공인 교단 이외의 모든 신학교는 불법이기에 지하 신학교라 불립니다. 그런데 의외로 여기에서도 공안에게 발각될 게 우려되어 몹시 꺼리는 모습이었습니다. 당시는 중국에서 선교사 추방령이 있었던 시기라서 매우 조심스러운 상황이기도 했습니다. 중국에서 사역 중이던 한국인 선교사님들 중에 많은 분이 베트남으로 피신을 위해 오셨기 때문에 베트남 공안에서도 비상 상황이었습니다. 베트남에 계시던 기존 선교사님들도 몸을 숨기며 조심하던 시기였습니다. 꺼리는 이유는 충분히 이해됐지만 너무나 마음이 아팠습니다.

그럼에도 불구하고 저는 찾아다녔습니다. 한국인 선교사님들은 위험하니까 이제 베트남 목사님을 중심으로 찾기 시작했습니다. 수소문 끝에 하나님께서 좋은 분을 만나게 해주셨습니다. 감동이었지요. 한국의 온누리교회에서 일부 투자하고 몇몇 외국계 교단에서 협력해 만든 지하 신학교의 베트남 목사님을 만나게 되었고, 간절하게 부탁하여 신학생으로 농인 두 명을 받아 주기로 했습니다. 여기도 공인받은 교단은 아니라서 불법이었지만 목사님께서 목사 안수 후에 공인 교단으로 편입할 수 있도록 노력해 보겠다는 약속도 해주셔서 더욱 기뻤습니다. 3년 수학과정과 1년 훈련과정을 통해 목사로 임직할 수 있는 길이 열린 것입니다. 거의 6개월이 소요됐습니다. 길을 열어 주신 하나님께 너무나 감사해서 눈물이 흘렀습니다.

그런데 또 하나의 관문이 남아 있었습니다. 신학교에서 공부할 때 수화통역사가 필요했던 것입니다. 일반 수화통역이 아닌 신학 관련 내용을 수화로 통역해야 하기 때문에 일반 수화통역자는 수업 통역을 할 수 없었습니다. 성경에 나오는 이름이나 여러 고유 명사에 대한 지식이 없이는 통역이 불가능하기 때문입니다. 크리스천 수화통역사가 필요했습니다. 그러나 크리스천 중에서 수화통역사를 찾는다는 것이 쉬운 일은 아니었습니다. 한국에는 수화통역사가 많이 있지만 베트남에는 수화통역사가 턱도 없이 부족한 게 현실이었기 때문입니다. 그나마 크리스천 중에 TV 방송국에 출연하는 수화통역사가 있었는데 수업 통역에 시간 맞추기도 쉽지 않았고, 통역 단가도 너무 비쌌습니다. 제가 감당이 안 되는 수준이었습니다.

　기도하며 6개월여간 수소문한 끝에 2명의 크리스천 수화통역사를 확보했습니다. 교대로 해야 피로를 줄일 수 있기 때문에 2명을 구한 것입니다. 이렇게 우여곡절 끝에 신학교 개강과 날짜를 맞출 수 있었고, 일반인들과 함께 농인 2명이 수업을 듣기 시작했습니다. 그런데 또 문제가 생겼습니다. 개강한 지 1년이 지났을 때 수화통역사들이 힘들어서 못하겠다고 한 것입니다. 너무 힘들다는 푸념이었습니다. 설득에 설득을 거듭하며 단가를 올려 주고 달래며 4년을 마쳤습니다. 사역자인 농인 2명은 본인들이 이 과정을 마친 것에 대해 하나님께 감사하며 눈물을 흘렸습니다. 힘들다고 푸념하던 수화통역자들도 통역을 하면서 신학 공부를 하게 되어 너무 감사했다고 말했습니다. 저는 이 모든 게 하나님의 은혜임을 깨달았습니다. 그리고 기도하는 가운데 늘 동행하고 계시는 하나님을 느끼게 되는 감동도 받았습니다.

"두려워하지 말라 내가 너와 함께 함이라 놀라지 말라 나는 네 하나님이 됨이라 내가 너를 굳세게 하리라 참으로 너를 도와 주리라 참으로 나의 의로운 오른손으로 너를 붙들리라"(사 41:10).

늘 동행하시는 하나님 감사합니다. 1년간의 훈련을 마친 뒤 사역자 2명 가운데 1명은 목사로, 다른 1명은 전도사로 안수를 받았습니다. 베트남 최초의 농인 목사님과 농인 전도사님이 탄생한 것입니다. 모든 것이 하나님의 계획 안에 있었고, 하나님께서 동행하셨고, 그래서 하나님께서 이루어지게 하신 것이라 생각합니다. 할렐루야. 그 과정 중에 저는 농인들을 대상으로 매주 목요일 저녁에 성경 공부를 진행해 왔는데, 지금까지도 그대로 진행하고 있습니다. 농인들은 집중적으로 성경을 공부하고 말씀으로 무장하는 기회가 되어 너무나 좋아하고 있습니다. 사도행전 강해를 마칠 즈음에는 "우리도 다른 나라에 가서 농인들에게 복음을 전하고 싶습니다"라는 간증이 터져 나오기도 했으니까요. 최근에는 성경 공부도 사역자들이 직접 진행하도록 유도하고 있습니다. 앞으로 농인 중심으로 계속되어야 하기 때문입니다. 농인 성도들은 제대로 성경 공부를 해본 적이 없는 터라 열심히 참여하는 모습이 너무나 사랑스럽습니다.

그리고 시간이 되는 대로 농인 사역자 2명과 별도의 시간을 가지며 신학 공부에 대한 보충 설명과 토론의 시간도 가졌습니다. 이렇게 훈련을 마친 농인 목사님과 농인 전도사님 두 사역자들이 전하는 설교의 메시지는 놀라울 정도로 감탄스럽습니다. ppt 작성을 너무나 완벽하게 하여 농인들에게 메시지를 전하는 모습은 하나님이 함께 역사하지 않으시면 도저히 일어날 수 없다고 생각합니다. 제가 가르쳐 준 적도 없는데 제가 설교하는 모습을 보고 스스로 연구하고 공부하여 만들어내고 있는 것입니다.

현재 하노이 농인예배에 참석하는 농인들은 평균 30여 명 정도인데 계속되는 전도집회를 통해 더 많은 농인이 예배에 참석하기를 소망하며 기도하고 있습니다. 그리고 하노이 주변 3개 도시에 한 달에 한 번씩 꾸준하게 전도집회를 하여 각 도시에 5~6명의 일꾼들이 세워지기 시작했습니다. 하나님께서 농인들에게 복음 전하는 일을 농인이 아닌 제게 맡기신 데에는 분명 깊은 뜻이 있으리라 믿습니다. 제게 농인들에게 복음을 전하고 농인들을 가르치고 농인 사역자를 세우라는 사명을 주시고, 선교사로서 소외와 멸시 천대 속에 지내며 복음도 제대로 접하기 어려웠던 농인들에게 이렇게 복음을 전할 수 있게 하신 하나님께 무한 감사를 드릴 뿐입니다.

이제는 살아 역사하시는 하나님을 통해 앞으로 자립할 수 있는 농인교회가 세워지고 많은 농인이 복음 안에 들어올 수 있기를 간절히 소망하며 기도합니다. 이 모든 일이 이미 하나님의 계획 안에 있는 줄 믿습니다. 항상 동행하시며 소망을 이루어 주시는 하나님께 감사와 찬양과 영광을 올립니다.

나의 길 오직 그가 아시나니…

이규하 (주)위두커뮤니케이션 대표

"하나님, 전 돈이나 사업에 전혀 적성이
없는 거 같아요. 왜 제게 이 일을 맡기셨나요?"
믿음의 선배는 저에게 이렇게 말했습니다.
"하나님은 능력 있는 사람을 쓰시는 것이 아니라,
능력이 없는 사람을 택해 그 일을 하게 하시는
거야. 그래야 모든 영광이 하나님께 돌아가니까."
그 말씀을 통해, 세속적인 성공과 다른
하나님의 계획을 받아들이게 되었습니다.

'이대 나온 여자'였던 저에게 20대는 마음먹으면 안 되는 일이 없던 자신감 넘치는 시절이었습니다. 모태신앙으로 한때 깊은 신앙을 가지고 있었지만, 대학가에 팽배하던 인문학과 공산주의 이념에 빠져 주님으로부터 멀어졌습니다. 하지만 열심히 살았고 성취했고 사회를 위해 투쟁했고 선을 행하며 부끄럽지 않은 삶을 살고 있다고 믿었습니다.

자신감이 지나쳤던 걸까요? 부모님, 형제, 아들을 부양해야 하는 이혼남과 사랑에 빠졌고, 주변 모든 이가 반대했지만 저는 진정한 사랑이란 서로의 짐을 나누는 것이라 믿었습니다. 부모님의 극심한 반대 속에 눈물로 허락을 기다리며 다시 하나님을 찾게 되었습니다. 신앙이 없던 남편을 전도해 함께 신앙을 키운 끝에 5년 만에 부모님의 허락을 받고, 교회에서 결혼식을 올렸습니다.

하지만 현실은 참혹했습니다. 임신과 함께 남편의 외도, 음주, 경제적 무책임이 시작되었고, 아이를 출산하고 나자 가출과 폭력으로까지 이어졌습니다. 너무 사랑해 모든 것을 포기하고 선택한 남편의 외도와 폭력은 감당할 수 없는 고통이었습니다. 차마 글로 담을 수 없는 일들을 겪으며, 결혼 2년 만에 남편의 빚까지 떠안고 아이와 함께 이혼녀가 되었습니다. 부모님과 가족들에게조차 알리지 못한 채, 혼자서 주님을 원망하며 자살 충동에 휘말리기도 했습니다. 그런데 어느 날, 돌이 막 지난 딸아이가 울고 있던 제 목을 끌어안아 주었습니다. 그 순간, '이렇게 살아선 안 되겠구나'라는 생각이 들었고, 사랑스러운 딸에 대한 책임감 덕분에 다시 일어설 수 있었습니다.

아이가 너무 어려서 직장에 나갈 수 없었기에 집에서 공부방을 운영하며 동네 아이들을 모아 가르치는 일을 했고, 프리랜서로서 시나리오를 썼습니다. 그러다가 제 작품이 좋은 평가를 받아 스타트업이었던 (주)위두커뮤니케이션의 직원으로 채용됐습니다. 가장으로 자리 잡기 위해, 사장님께서 제가 회사에서 일하다 쓰러질까 걱정하실 만큼 미친 사람처럼 열심히 일했습니다. 입사 초기 야근과 철야가 많아 아이를 잠시 24시간 어린이 집에 맡겼는데 너무 힘들어해서 집에서 함께 사는 아주머니를 구해 제 월급을 다 드리며 딸을 양육했고, 업무에서의 전문성 확보를 위해 빚을 내어 야간 대학원도 다녔습니다.

그렇게 인정받던 저를 시기하던 창업 멤버들이 퇴사하며 회사를 어렵게 만들었고, 저는 대기업 이직 기회도 포기한 채 회사를 지키기 위해 헌신했습니다. 그러나 갑작스럽게 독실한 크리스천이던 사장님이 급여를 줄 수 없다며 사업을 접겠다고 선언하셨습니다. 모든 것이 무너지는 듯한 순간이었습니다. "하나님, 정말 저에게 왜 이러시죠? 공의로운 신께서 왜 죄 없는 저에게 이혼, 경제적 파탄, 그리고 회사에서까지 이런 시련을 주시나요?" 따져 묻고 싶었습니다.

이혼 후 처음 참석한 주일예배에서 하용조 목사님이 '돌아온 탕자' 설교를 하셨고, 저는 대성통곡을 하며 주님 앞에 살려 달라고 엎드릴 수밖에 없었습니다. 인간으로서 할 수 있는 모든 것을 했지만 제 삶은 점점 더 힘들어졌고, 더 이상 어떻게 해야 할지 알 수가 없었기 때문입니다.

이후 제 삶은 예상과는 전혀 다른 방향으로 움직이기 시작했습니다. 직원 급여를 줘야 한다는 책임감 때문에 상상도 하지 못했던 방식으로 자금을 빌려 회사를 인수하게 되었습니다. 첫해 100% 이상 성장을 하며 제가 잘났나 착각도 해보았고, 글로벌 금융위기를 겪으며 회사 성장이 멈추자 회사 분위기가 순식간에 망가지는 것도 경험했습니다. 인간을 너무 사랑한 인본주의자라서 교육사업을 인수했고, 노동운동을 했던 터라 제 월급을 줄여가며 직원 입장에서 먼저 배려하고 베풀었는데, 가장 사랑했던 직원들이 더 불만이 많았고, 먼저 경쟁사로 이직하는 모습에 상처받고 실망하면서 인간에 대한 혐오만 커져 갔습니다.

출근할 때마다 직원들의 얼굴을 마주하기 힘들었고, '왜 내가 그렇게 애정을 베풀었나' 하는 생각에 분노가 치밀었습니다. 그러나 큐티를 하던 중, 예수님께서 십자가에서 하신 기도가 떠올랐습니다. "아버지 저들을 사하여 주옵소서 자기들이 하는 것을 알지 못함이니이다"(눅 23:34). 그 순간 눈물이 쏟아졌습니다. '내가 직원들의 입장을 이해할 수 있었던 건, 내가 그 자리에서 일해 봤기 때문이구나. 하지만 저들은 사장을 해보지 않았으니 나의 고충을 이해하지 못하는 게 당연한 거였구나.' 자신을 조롱하고 침 뱉는 이들을 위해 기도하신 예수님의 용서와 사랑이 제 마음을 녹였고, 직원들에 대한 원망도 사라졌습니다.

저는 원래 조용히 글을 쓰던 작가였기에, 매일 사람들을 만나고 갈등을 해결해야 하는 일이 정말 힘들었습니다. 인간에 대한 사랑으로 그들의 삶을 더 낫게 만드는 좋은 교육 콘텐츠를 만들고 싶었지만, 직원들이 힘든 것을 알면서도 냉정하게 원가를 줄여서 이익을 창출해야 하는 책임은 너무 고통스러웠습니다. 콘텐츠의 퀄리티를 생각하면 시간과 노력을 더 투입하고 비용을 써야 했지만, 회사에 적자가 나거나 이익이 줄면 유능한 직원이 떠나갔습니다. 교육자와 사업가로서의 정체성이 충돌하며 많은 고통을 느꼈습니다.

정말 신비하게도, 하나님은 포기하고 싶은 순간마다 믿음의 선배님들을 보내 주셨고, 주일 예배에서도 목사님을 통해 제게 맞춘 듯한 말씀을 주셨습니다. "하나님, 전 돈이나 사업에 전혀 적성이 없는 거 같아요. 왜 제게 이 일을 맡기셨나요?" 믿음의 선배는 저에게 이렇게 말했습니다. "하나님은 능력 있는 사람을 쓰시는 것이 아니라, 능력이 없는 사람을 택해 그 일을 하게 하시는 거야. 그래야 모든 영광이 하나님께 돌아가니까." 그 말씀을 통해, 세속적인 성공과 다른 하나님의 계획을 받아들이게 되었습니다.

2011년 연말 이익이 조금 남았지만, 교육과정 개편 시즌으로 인해 2012년 회사가 어려울 것이 예측되었습니다. 이익이 나면 직원들에게 항상 성과급을 주어 왔는데, 다음 연도가 힘들 것이 명확하니 그 성과급을 주지 말고 비상금처럼 가지고 있고 싶은 생각이 들었습니다. 하지만 하나님의 재정원리라는 강의도 듣고, 주님께 기도하는 가운데, "내게 필요한 것은 내가 아니라 주님이 채우신다"는 것을 믿게 되었고 예정된 성과급을 모두 나눠 주었습니다. 2012년 결산을 해보고 하나님의 살아계심을 믿을 수밖에 없었습니다. 적자를 예상했던 해인데, 결산해 보니 정확히 0, 이익도 손해도 없었던 것입니다. 하나님께서 필요한 만큼 채워 주신다는 사실을 깨달으며, 더욱 담대해질 수 있었습니다.

경영에 재능이라곤 없던 제가 사장이 된 지 17년이 지났고, 회사는 만 20살이 넘었습니다. 회사의 규모를 크게 키우거나 돈을 많이 벌진 못했지만 대한민국 중소기업 10년 생존율이 20% 미만이라고 하니, 20년간 살아남은 것은 하나님이 이루신 기적입니다. 여기서 그치지 않고, 하나님께서는 지금 또 저를 새로운 길로 이끌고 계십니다. 자체 제품 개발을 허락하시고, 미국 영주권을 취득하게 해주시고, 한국 사업을 도와줄 부사장님을 보내 주셨습니다.

평생 한국에서만 살다가, 친인척 하나 없는 생면부지의 땅에서, 나이 50이 넘어 새로운 도전을 하는 것은 두려운 일입니다. 저의 부재로 회사가 위험해질 위험도 감내해야 합니다. 그럼에도 불구하고 도전의 발길을 내디디려는 때, 아버지가 악성 림프종 4기 진단을 받으셨습니다. 눈물로 기도하던 중, 먼저 아버지를 살리고 가정의 제사장 위치에 바로 세우는 것이 우선이란 마음을 주셔서, 순종하고 돌아와 아버지를 보살피며 가족들에게 말씀을 전하고 있습니다.

이제 저는 두려워도 나아갈 수 있습니다. 아버지와 가족을 치유하고 신앙을 바로 세워 가정을 주님 앞에 온전케 하는 사명을 감당하고, 하나님을 향한 믿음을 지팡이 삼아, 그곳이 어디든지 하나님께서 제게 예비해 주신 길을 걸어갈 것입니다. 아브라함이 "떠나라!"는 명령만 듣고 아무것도 의지할 것이 없는 광야를 향해 나아갔듯이, 저의 경험, 인맥, 명성이 전혀 없는 곳이라도, 오직 주님의 공급하심과 일하심에 순종하며 살아가는 법을 배워 보려 합니다.

솔리데오 믿음의 선배님들 덕분에 새벽예배와 기도일기를 시작한 지도 3년이 지났습니다. 주님이 이끄시는 광야 속에서, 제가 주님이 지으셨던 모습으로 온전히 회복되고, 이 세상에 주님의 실재를 증거하는 삶을 살 수 있게 될 것을 믿습니다. 아멘.

"내가 가는 길을 그가 아시나니 그가 나를 단련하신 후에는 내가 순금같이 되어 나오리라"(욥 23:10).

과학자가 기독교인 된 이야기

이상산 한동대학교 교수

참된 과학자는 진실한 기독교 신앙인이
될 수 있습니다. 과학자이기 때문에
신앙인이 될 수 없었다는 분들은 진지하게
자신이 연구하는 학문을 재고해야 합니다.
하나님은 천지를 창조하시고 주관하십니다.
과학은 그 창조와 유지의 비밀을
발견하는 것입니다. 창조의 걸작품인 인간은
그렇게 하나님을 알아갑니다.
이것이 과학자, 공학자이고 계산과학자인
저의 고백이고 증언입니다.

저는 공학자이고 과학자입니다. 스탠포드 대학에서 기계공학으로 박사학위를 받았고, 제 논문의 대부분은 미국물리학회지에 실렸습니다. 발표한 논문들은 최근까지 30년간 수천 번 인용되고 있으니 제법 학술적으로 인정받았다고 할 수 있습니다. 국내에서 최초로 1984년 애플의 개인용 컴퓨터(Apple-II)를 대학원 연구실에서 사용했었고, 미국항공우주국(NASA) 슈퍼컴퓨터를 사용해서 박사학위 연구를 수행했습니다. 그런 면에서 저는 우리나라에서 개인용 컴퓨터와 슈퍼컴퓨터를 처음으로 사용한 계산과학자이기도 합니다.

과학자가 기독교인이라는 것에 의아해하는 분들이 있습니다. 제가 그랬습니다. 객관적으로 입증해 보일 수 없는 것이 존재한다고 생각하고(이것을 기독교인들은 '믿음'이라고 합니다), 그것을 전제로 세계관과 가치관을 세우는 이들의 무지함을 멸시했었습니다. 대학에 다니면서 이런 무신론자의 의견을 모 대학 신문에 기고하기도 했었습니다. 적어도 손에 잡히고 눈에 보이지 않는 것을 삶의 기초로 삼는 무모함이 안타까웠습니다.

그런데 박사학위 논문연구를 거의 마무리할 무렵인 20대 말, 한 모임을 계기로 제 인생이 송두리째 바뀌게 됩니다. 그해 봄 스탠포드 대학 기혼자 기숙사 옆집에 살던 선배 부부의 초청으로 토요일 오전 창세기 성경 공부에 참석하게 되었습니다. 과학자가 창세기 성경 공부라니요? 무언가 조화롭지 않은 상황이었습니다. 다섯 부부가 참여하는 성경 공부였고 그 지역 한인교회의 한 목사님께서 인도하셨습니다. 저희 부부를 제외하고는 모두 기독교인이었습니다. 성경 공부 시간은 과학과 공학을 전공하는 참석자들이 창세기가 얼마나 비과학적인지 질문하고, 목사님께서 성경에 기반하여 그 질문들에 답하는 것으로 이어졌습니다.

교회에 다니지 않는 제 눈에 비친 이 모습은 참 기이했습니다. 기독교인이라고 하는 분들이 (그중에 한 선배는 무려 안수집사셨는데) 기독교 유일의 경전인 성경의 첫 페이지부터 틀렸다고 주장하고 있는 것입니다. 동의하지 않는 경전을 붙들고, 매주 교회에 나가 예배드리고 식사 때마다 그 신의 이름에 감사하는 것은 불합리한 희극일 수밖에 없었습니다. 그 희극이 유지될 수 있었던 것은 온전히 선배님 댁의 맛있는 점심식사 때문이었습니다.

가랑비에 옷이 젖는다고 했던가요. 어느 여름날 연구실에서 귀가한 늦은 시간 냉장고에서 긴장을 풀겠다고 맥주 한 캔을 들고 거실 소파에 앉았는데, 뜬금없이 '성경이 궁금하다'는 생각이 들었습니다. 연구주제에 골몰하느라 신경이 곤두서서 어차피 바로 잠들기는 그른 일, 성경을 찾아 꺼내들고 거실 바닥에 엎드려 성경을 첫 페이지부터 읽기 시작했습니다. 그런데 이 성경에 대한 궁금증이 더 커지는 겁니다. 그래서 관주성경, 성경사전, 성경지도, 예수님의 족보 등 가진 모든 자료를 꺼내놓고 '스스로 공부'를 시작했습니다. 한동안 이렇게 성경을 공부하면서 제가 모르던 세계가 있을 수 있다는 생각이 들었습니다. 손으로 만지고 눈으로 볼 수 없는 세계 말입니다. 그 세계를 창조하시고 움직이시는 위대하신 분, 그분이 저를 사랑하셔서 지으시고 불러 주셨다는 것이 놀랍고 감사했습니다.

그러고 보니 세상은 눈에 보이는 것으로만 이루어져 있지 않았습니다. 너무 작아서 못 보는 것(원자, 소립자), 너무 커서 모르는 것(은하계), 가시권 밖의 것(적외선, 자외선, 우주선), 가청권 밖의 것(나뭇잎의 흔들리는 소리) 등등이 그런 것입니다. 그동안 그렇게 견고하게 붙들고 있던 과학적 근거라고 하는 것이 얼마나 허약한 기초인지를 깨닫게 된 것입니다. 과학의 발전으로 인간은 더 많은 것을 알게 됩니다. 아직도 인간은 새로운 발견을 계속하고 있습니다. 이 과정을 통해 당연히 맞다고 생각하던 것이, 새로운 발견에 따르면 틀렸다는 것을 알고 이론을 수정하기도 합니다. 결론, 과학이 오히려 불확실한 과정에 서 있다는 것을 인정하게 되었습니다.

참된 과학자는 진실한 기독교 신앙인이 될 수 있습니다. 과학자이기 때문에 신앙인이 될 수 없었다는 분들은 진지하게 자신이 연구하는 학문을 재고해야 합니다. 하나님은 천지를 창조하시고 주관하십니다. 과학은 그 창조와 유지의 비밀을 발견하는 것입니다. 하나님께서는 창조하셨고, 인간은 그 비밀을 배워갑니다. 창조의 걸작품인 인간은 그렇게 하나님을 알아갑니다. 이것이 과학자, 공학자이고 계산과학자인 저의 고백이고 증언입니다.

길이요 진리요 생명이신 나의 주님

이상호 네패스 경영지원실 부사장

길, 진리, 생명을 찾지만 마치 뿌리가 없어서
메마른 가지와 같은 저 자신을 발견했습니다.
제일 중요한 사실은 제가 공부하는 주님이
지금도 살아서 역사하는 실재하는 분이신가
하는 것이었습니다. 그 후 2년 반 동안
성경 공부를 하면서 기도 응답도 경험하고
과학, 역사, 철학 관점에서 관찰하면서
성경 말씀이 사실로 와닿게 되었습니다.

저는 1991년부터 25년간 한국 IBM에서 근무했습니다. IT 엔지니어로 시작해서 국가 슈퍼컴 프로젝트 등 고성능 컴퓨팅을 지원하다 보니 신규 전략 사업을 맡았고, 2006년 임원이 되면서 CMO 마케팅 리더 역할을 맡았습니다. 2009년 상하이 본사 파견 이후 2010년 빅데이터, 보안, 기업 인프라 관리, AI 등 소프트웨어 사업을 맡았습니다. 2013년부터는 제조, 금융, 유통, 통신, 공공 등 다양한 산업의 엔터프라이즈 고객사업 담당 임원을 역임했습니다. 2017년부터 7년간은 디지털 오디오 비디오 경험을 제공하는 돌비 코리아 지사장으로 컨텐츠를 생성하고 유통하고 재생하는 파트너들과 생태계 사업을 관리했습니다.

갤럽 강점 조사를 해보면, 저의 강점은 배움, 최상화, 개별화, 전략, 정리로 나옵니다. 배움 강점이 있어서인지 커리어 중에도 계속 자기 개발과 공부를 했습니다. 1999년 정보처리 기술사, 2010년 정보시스템 수석감리원, 2024년에는 한국 코치협회 KAC 자격증을 취득했습니다. 고려대학교 경영대학원에서 EMBA, 숭실대학교 IT 정책경영 대학원에서 디지털 마케팅 주제로 박사 학위를 취득했습니다. 현재 KCMC 글로벌 기업 한국인 지사장 모임, 한국 로터리 글로벌 리더스 회원, 크리스천 IT CEO 모임 솔리데오, 서울 나눔 클라리넷 앙상블 단원, 지구촌교회 대학부 촌장 등의 역할을 담당하고 있습니다.

7년간 지사장 역할을 마치고 인생 후반부에는 어떤 일을 할까 방향성을 찾다가, 평소 관심이 많은 이 시대 청년들을 돕는 일을 하고자 했습니다. 특히 청년 창업, 스타트업을 돕는 역할에 관심이 많았습니다. 한 걸음 더 나아가 글로벌 기업 경험을 살려서 NGO 비영리 기관을 돕는 역할을 하고자 유니세프 사무총장, 한국 기아대책 회장 공모에 지원을 하기도 했습니다. 제가 NGO 리더 역할에 지원했다는 소식을 듣고 반도체 후공정 전문 기업 회장님께서 연락을 주셔서 2024년 5월말부터 네패스 경영지원실 부사장으로 근무하고 있습니다.

입사하고 신임 임원 교육을 받기 위해 연수원으로 운전하고 가면서 지난 34년간 커리어를 돌아보게 되었습니다. 특히 올해는 제가 처음 성경 공부를 한 지 40년이 되는 해입니다. 성경에서 40년 하면 모세가 떠오릅니다. 모세는 섭리 가운데 애굽 왕자로 자랐지만 이스라엘을 돕기 위해서 40년간 광야에서 훈련을 받습니다. 그 후에 출애굽하고 이스라엘 백성을 가나안으로 인도하는 역할을 맡습니다. 그 생각을 하다 보니, 제가 운전해서 가고 있는 연수원 호텔 이름이 "웨스트 오브 가나안"이었습니다. 저도 40년 훈련 후에 가나안으로 향하고 있었던 것입니다.

네패스는 "하나님이 땅의 흙으로 사람을 지으시고 생기를 그 코에 불어넣으시니 사람이 생령이 되니라"(창 2:7) 말씀에 나오는 생령(히브리어로 네패쉬)에서 따온 이름입니다. 네패쉬는 살아 있고 호흡하는 생명체를 가리킵니다. 네패스는 영원한 생명을 의미합니다. 코에 불어넣은 생기는 히브리어로 느샤맛 하임입니다. 그래서 네패스 회사의 본사 건물이 하임 빌딩입니다. 이처럼 네패스는 성경과 기독교 진리를 바탕으로 한 경영철학을 가진 반도체 전문 중견기업입니다. 반도체도 흙, 모래에서 나오는 실리콘으로 공정기술을 통해 생기를 불어넣어 살아서 작동하는 시스템을 만든다는 점에서 네패스는 반도체에 잘 어울리는 회사명입니다.

40년간 훈련하시고 네패스까지 인도하신 주님의 은혜를 돌아보니, 대학 신입생이었던 때가 떠오릅니다. 1985년 관악 캠퍼스에 신입생으로 입학하니, 전도하는 분들을 많이 만났습니다. 두 달간 수십 번 전도를 받았던 것 같습니다. 저는 어머니가 초등학교 3학년 겨울방학 때 돌아가셔서 제사를 절에 모셨기 때문에 전도를 냉정하게 거절했습니다. 중고등학교 때는 제사드리기 위해서 매년 여러 번 절에 가야 했습니다. 더구나 이과, 공대생이었던 저는 종교는 비과학적이라고 여기는 무신론자였습니다.

5월 어느 날이었습니다. 대학 선교회 목자 한 분이 또 전도를 하려고 했습니다. 저는 바로 거절을 했습니다. "저는 종교를 가질 수 없습니다." 그래도 대개 전도하는 분들은 포기하지 않고 계속 얘기를 하려고 합니다. 그런데 그 목자님은 종교에 대해서는 본인도 할 얘기가 없다고 하면서 그냥 지나쳐 가려고 했습니다. 의외의 반응에 호기심이 생겼습니다. "그러면 무엇에 대해서 얘기를 하나요?" 그 질문에 목자님은 성경을 펼치고 다음 구절을 읽어 보라고 했습니다.

"예수께서 이르시되 내가 곧 길이요 진리요 생명이니 나로 말미암지 않고는 아버지께로 올 자가 없느니라"(요 14:6).

1980년대 중반은 민주화 데모 시기였고, 순수한 대학 신입생이어서 '진리'라는 단어를 무시할 수 없었습니다. 특히 내면에 생명력이 없고 갈급했던 저는 '길', '생명'이라는 단어에 반응하게 되었습니다. 목자님은 1:1 성경 공부를 권유했습니다. 교회, 예배 참석은 어려웠지만, 일주일에 한 번 1:1 말씀 공부는 할 수 있었습니다.

그 후 성경 공부는 논쟁식으로 진행이 되었습니다. 얄팍한

과학 지식으로 성경이 허구라고 증명하고 싶었던 것 같습니다. 불신자들이 주로 질문하는 내용에 대해서 목자님은 매번 관련 성경 말씀을 펼쳐서 읽게 하였습니다. 저에게 명쾌한 즉답은 되지 않았지만, 성경에 그런 말씀들이 기록되어 있다는 사실에 놀랐습니다. 몇 달 후 성경 공부를 계속하면 종교에 미혹될 것 같아서 그만두기로 했습니다. 길 잃은 양이 도망을 쳤는데, 그때마다 목자님이 학과로, 집으로 찾아와서 권면을 했습니다. 저를 위해 죽기까지 사랑하시는 예수님의 사랑을 증거했습니다.

"나는 포도나무요 너희는 가지라 그가 내 안에, 내가 그 안에 거하면 사람이 열매를 많이 맺나니 나를 떠나서는 너희가 아무 것도 할 수 없음이라"(요 15:5). 나무와 가지 비유가 저와 주님의 관계를 잘 설명해 주었습니다. 길, 진리, 생명을 찾지만 마치 뿌리가 없어서 메마른 가지와 같은 저 자신을 발견했습니다. 제일 중요한 사실은 제가 공부하는 주님이 지금도 살아서 역사하는 실재하는 분이신가 하는 것이었습니다. 그 후 2년 반 동안 성경 공부를 하면서 기도 응답도 경험하고 과학, 역사, 철학 관점에서 관찰하면서 성경 말씀이 사실로 와닿게 되었습니다.

1997년 대학 3학년 여름 수련회에 참석하게 되었습니다. 하나님으로부터 분리되어 생명과 진리 없이 죄인으로 살 수밖에 없던 저를 위해 십자가에서 죽으신 주님을 인격적으로 만나고 구주로 영접하게 되었습니다. 지금 돌아보면 그때가 제가 영적으로 거듭난 순간입니다. 지난 40년 동안 주님은 신실하게 저와 동행하시고, 여호와 이레(주님께서 예비하신다는 뜻)의 놀라운 섭리로 저의 삶을 인도하셨습니다. 성령 안에서 거듭난 인생을 살고 있는 저의 분명한 고백은 이것입니다. "주님은 길이요 진리요 생명이시며, 지금도 살아서 역사하시며, 저를 죽기까지 사랑하시는 저의 아버지가 되십니다!"

하나님의 손길로 빚어진 삶

이수정 이포넷/체리 대표이사

불면증과 근육 마비 등 신체적 이상이 나타나고, 몸과 마음, 그리고 믿었던 회사까지 모두 무너진 후에야 저는 다시 하나님께로 돌아갔습니다. 새벽기도의 자리로 나아가게 되었고, 하나님께서는 울며 회개하는 저를 변함없는 사랑으로 안아 주시고 회복시켜 주셨습니다. 물론 회사가 다시 정상화되기까지는 몇 년의 시간이 필요했지만, 하나님과의 관계가 회복되고 나니 더는 힘들지 않았습니다.

소방관이셨던 아버지가 남대문시장 화재를 진압하다가 순직하셨습니다. 그때 저는 중2, 오빠는 고1, 언니는 고3이었습니다. 아버지의 갑작스러운 부재는 가족에게 큰 상처와 혼란을 안겨 주었습니다. 저희 가족은 하루아침에 아버지 없이 어머니가 모든 생계를 책임지셔야 했습니다. 우리는 살던 집을 팔아 서울 변두리로 이사를 갔고, 저는 친척 집에서 조카들을 돌보며 중학교를 다녔습니다. 학교에서 돌아오면 세 명의 조카들의 숙제도 봐주고 공부도 가르치며 지냈습니다. 그 시절, 저는 너무나 외롭고 힘들었습니다. 아빠에 대한 그리움, 경제적 어려움과 두려움이 저를 짓눌렀습니다. 그때 쓴 일기장을 보면 '자살'이라는 단어가 자주 등장합니다. 세상이 너무 팍팍하게만 느껴졌습니다.

그러나 하나님께서는 그 어둠 속에서 저를 부르고 계셨습니다. 아버지가 돌아가시기 반년 전, 친구의 권유로 다니게 된 교회의 수양회에서 저는 인생을 바꾸는 경험을 하게 되었습니다. 로마서 성경 공부를 하면서 저는 처음으로 하나님의 사랑을 깊이 느끼게 되었습니다. 성경은 하나님께서 나를 너무 사랑하셔서 자신의 외아들 예수님을 이 세상에 보내 주셨고, 이것을 믿으면 하나님의 자녀가 될 수 있다고 말씀하고 있었습니다. 저는 이 성경 말씀을 믿었고, 그때부터 하나님은 저의 영원한 아버지가 되어 주셨습니다. 아무도 저에게 관심을 가져 주지 않고, 외롭게 친척집에서 지내던 그 시절, 유일하게 저를 찾아오시고 저를 사랑한다고 말씀해 주신 분이 하나님이셨습니다. 외롭고 불안정하고 위태롭던 저를 꼭 안아 주시고, 저를 만나 주시고, 저를 위로해 주시던 분이 하나님이셨습니다. 그분의 무조건적인 사랑은 제 청소년 시기의 방황하던 마음을 붙잡아 주었고, 탈선하지 않고 바르게 자랄 수 있게 해주었을 뿐 아니라, 삶의 의미와 목적을 새롭게 발견하게 해주었습니다.

하나님을 만난 후, 저의 삶은 조금씩 변화하기 시작했습니다. 여전히 현실적인 어려움은 있었지만, 이제는 그 모든 것을 하나님께 맡기고 기도하며 이겨낼 수 있는 힘이 생겼습니다. 하나님께 영광을 돌리는 삶을 살고 싶다는 열망이 생겨, 경제적으로는 어려웠지만 열심히 공부하여 컴퓨터공학과에 진학하게 되었습니다. 대학에 진학한 후에도 하나님께서는 저를 인도해 주셨습니다. 교회에서 교사와 청년부 임원, 성가대 등을 하며 열심히 하나님을 섬겼는데, 이 시기를 통해 리더십과 기획력을 배울 수 있었습니다. 나중에 회사를 창업했을 때 이 시절 교회에서 봉사를 하며 배운 리더십과 기획력이 큰 자산이 되었습니다.

대학을 졸업하고 IT 기업에서 일하다가, 아이가 아파 회사를 더 다니기 어려워졌는데, 주변 선배들이 프로젝트를 주셔서 아이 방에서 1인 기업을 창업했고, 그 회사가 180명이 넘는 직원을 갖고 있는 이포넷으로 성장하게 되었습니다. 이포넷을 창업할 때는 하나님의 뜻대로 기업을 바르게 경영하겠다는 의지로 시작했지만, 시간이 지나면서 하나님께 영광을 돌리겠다는 저의 인생 목표는 점점 희미해지고 어떻게든 회사를 성장시키고 싶다는 욕심이 커졌습니다. 또한 어린 두 자녀를 양육하면서 동시에 스타트업을 이끌어가는 삶은 실로 치열했습니다. 이런 상황이 지속되면서 하나님과의 관계도 소원해지고 겨우 주일예배만 드리는 '선데이 크리스천'으로 살게 되었습니다.

그때 하나님께서는 '고난'이라는 형태로 저를 찾아오셨습니다. 순항하던 회사에 큰 위기가 닥쳤습니다. 당시 매출의 70%를 차지하던 마이크로소프트에 납품한 파일에 바이러스가 감염된 것입니다. 더욱 심각한 것은 제품이 출시된 후에야 이 사실을 알게 되어 리콜을 해야 하는 초유의 사태가 발생했다는 점입니다. 이 사건으로 저희 회사는 하루아침에 마이크로소프트와의 계약이 해지되었고, 매출의 70%가 사라지는 큰 어려움에 직면하게 되었습니다.

불면증과 근육 마비 등 신체적 이상이 나타나고, 몸과 마음, 그리고 믿었던 회사까지 모두 무너진 후에야 저는 다시 하나님께로 돌아갔습니다. 새벽기도의 자리로 나아가게 되었고, 하나님께서는 울며 회개하는 저를 변함없는 사랑으로 안아 주시고 회복시켜 주셨습니다. 물론 회사가 다시 정상화되기까지는 몇 년의 시간이 필요했지만, 하나님과의 관계가 회복되고 나니 더는 힘들지 않았습니다. 그 시기에 하나님께서는 크리스천 IT CEO들의 모임인 '솔리데오'를 만나게 하셨고, 교회에서 교사로 봉사하는 일도 다시 시작할 수 있게 해주셨습니다.

저는 다시금 하나님을 삶의 최우선 순위에 두게 되었습니다. 그러자 자연스럽게 제 회사 '이포넷'을 통해 어떻게 하나님께 영광을 돌릴 수 있을지 기도하게 되었습니다. 1년간의 기도 끝에 받은 이포넷의 비전은 '기술로 세계를 섬기라'는 것이었습니다. 놀랍게도 이 비전을 받은 바로 다음 날, IT 기술로 선교하는 FMnC 선교회를 만나게 되었고, 지금까지 동역하고 있습니다.

선교회와의 첫 동역은 선교 모금 행사로 시작되었습니다. 저희는 4차례의 음악회와 미술 전시회, 그리고 바자회 등을 통해 많은 사람들의 참여를 이끌어내고 상당한 선교 헌금을 모금했습니다. 그러나 이러한 모금 활동은 주로 제 개인적 인맥에 의존하고 있었습니다. 이는 제가 은퇴한 후에는 지속하기 어려울 것이라는 고민으로 이어졌습니다. 이러한 고민 끝에 저는 더 지속 가능한 방법을 모색하게 되었고, 그 결과로 '기부플랫폼 체리'를 개발하게 되었습니다. 이렇게 시작된 '체리'는 4년 만에 25만 명이 사용하는 우리나라 최초의 블록체인 기부 플랫폼으로 성장했고, 현재 400개 이상의 교회와 선교단체가 활발하게 사용하고 있습니다.

하지만 저는 과거의 실수를 되풀이하지 않기 위해 체리의 성공보다 하나님과의 관계를 우선으로 두려고 항상 노력합니다. 일이 잘 풀리지 않을 때는 하나님의 지혜를 구하고, 일이 잘되어가도 교만해지지 않고 하나님께 감사와 영광을 돌리려 애씁니다. 그럼에도 불구하고 지금도 여전히 일이 잘되면 제 공으로 여기게 되고, 처음으로 해외 진출을 앞두고 있는 지금은 불안과 두려움을 느낍니다. 그런 저에게 하나님 아버지께서 다시 말씀하십니다.

"수정아, 두려워하지 마라. 네가 혼자 해외로 나가는 것이 아니다. 내가 해줄 거야. 너는 내 뒤를 따라오기만 하면 돼."

맞습니다. 하나님께서 모든 것을 주관하십니다. 그러니 잘된다고 교만할 것도 없고, 처음 가보는 길이라도 두려워할 것도 없습니다. 할렐루야! 주님께서 하십니다!

다 살 수 있단다
나만 믿으렴

이수정 보이스토어 대표이사

앞으로 살아갈 날이 겁나기도 하고,
가시밭길이 나타나면 또 징징대겠지만,
여기까지 함께하신 하나님,
어떤 상황에서도 나의 어떠함과 상관없이
나를 사랑하시며 잡은 손을 놓지 않으실
좋으신 나의 하나님이 마음의 중심에서
믿어집니다.

저는 어느 날, 어쩌다 IT 기업의 사장이 되었습니다. 전혀 원하지 않았고, 정말 모르고 싫어하는 분야였으며, 저와 가장 멀다고 생각한 자리였습니다. "제가 여기서 대체 뭘 하고 있죠?" 수도 없이 되뇌며….

저는 비교적 밝고 행복한 성장기를 보냈습니다, 하나님과 친밀했던 청소년기, 예술을 한다고 하나님을 멀리했던 청년기에도 늘 사는 게 쉬웠고, 실패와 어려움을 몰랐습니다. 좋아하는 사람과 결혼도 했지만 행복한 신혼생활도 잠깐, IMF 때 친정아버지의 사업이 부도나고, 남편도 회사에서 문제가 생기며 처음으로 경제적인 어려움을 겪게 되었습니다. 감사하게도 하나님을 거부하던 아버지가 하나님을 만나게 되었고, 저도 예배에 매달리며 좋으신 하나님을 새롭게 만나게 되었습니다. 그러면서 남편의 사업도 일어나고, 예쁘게 자라가는 네 명의 아이들과 양가 부모님을 모시고 사는 대가족에 일가친척과 손님들로 저희 집은 늘 북적였습니다. 잠깐의 어려움은 있었지만 순종과 믿음과 기도로 회복된 기적이라며 칭찬받았습니다. 제 안에는 하나님을 잘 믿으면 축복받는다는 공식이 자리 잡았고 겉으론 겸손했지만 이만하면 꽤 괜찮은 신앙인이라는 착각과 교만이 점점 차올랐습니다.

그렇게 행복한 나날들이 계속될 줄 알았는데 남편의 사업이 점점 어려워지더니 아이들이 돌아가며 다치거나 사고가 자꾸 생기고, 시어머니의 파킨슨 수술 후유증이 악화되며 집안 분위기도 어두워지고 삶이 고달파지기 시작했습니다. 생활비도 안 주고 회사가 심각해 보여 교회 가자고 하면 너나 잘 믿으라고 빈정대는 남편에게 미움까지 생겨, '그래, 어디 맘대로 해봐라' 하고 있었는데, 건강하던 남편이 갑자기 쓰러지고 말았습니다. 간암 말기이고 3개월 남았다는 청천벽력. 저는 하나님께 간절히 매달렸습니다. 암덩이가 너무 커서 항암도 수술도 못하는 상태라 표적치료를 받았는데, 처음에는 약효가 굉장히 빨랐고, 하나님을 멀리하던 남편이 매일 가정 예배도 드리고 하나님을 의지하는 모습을 보며, '그럼 그렇지. 우리 하나님 또 기적을 베풀어 주시는군요!'라고 굳게 믿었습니다. 제가 믿던 하나님은 그런 하나님이셨습니다. 하지만 결과는 제 생각과 달랐습니다. 7개월을 버티던 남편은 갑자기 병세가 악화되어, 어린 네 아이들과 최악의 상황에 놓인 회사와 깨어진 관계들을 남겨두고 미안하다며 하나님 품으로 떠났습니다.

　장례를 치르고 5일 뒤, 아무것도 모르고 나가기 시작한 회사에서는 직원들이 어두운 얼굴로 저를 피했습니다. 처음 인사하러 간 고객사에서는 욕을 먹었고, 사람들은 이 회사가 조만간 반드시 망한다고 했습니다. 믿었던 직원들이 반란을 일으켰고 심각한 자금난과 시행착오를 겪었습니다. 행복의 상징이었던 집도 팔고 이사해야 했고, 아빠에 이어 엄마까지도 자리를 비우게 된 환경에서 아이들은 하나님을 떠나고 각자의 동굴에 들어가 문을 닫는 것 같았습니다. 제가 정성 들여 구축하고 자랑삼던 성들이 하나둘 무너져 가는 동안 저의 믿음도 뿌리부터 흔들렸습니다. 기도하면 척척 들어주시던 하나님, 그래서 기도도 재밌고 신이 났었는데, 이제는 뭔가 잘못된 것 같았습니다. 내가 원치 않고 모르는 길로 거칠게 이끄시는 하나님이 낯설고 무섭고 점점 싫어졌습니다.

　물론 저는 계속 성경도 읽고 예배도 드리고 훈련도 받고 기도도 했습니다. 제가 제대로 믿지 않아서 당한 고난이라 생각하고 회개도 하고, 믿음으로 해석하려고 애쓰며, 감사하려고 몸부림도 쳤습니다. 몇 번의 위기 앞에서 부르짖었고, 그때마다 기도의 응답도 있었기에 입과 머리로는 감사하다고 했지만, 제 안에는 신앙에 대한 혼란과 실망과 두려움으로 여전히 가득하다는 것을 느낄 수 있었습니다. '하나님은 병 주고 약 주시는 분인가?', '아이들에게 아빠 대신 더 좋은 걸 주신들 무슨 의미가 있나'라는 게 솔직한 마음이었고, 거듭 몰아치는 파도 같은 나날들에 지쳐 '어차피 하나님 마음대로 하실 건데 기도는 뭐 하러 하나' 하는 비뚤어진 마음이 자라났습니다. 그러면서 동시에 '이러면 안 되는데' 하는 죄책감과 '이러다 또 혼나는 거 아닌가' 하는 두려움이 있었습니다. 그렇게 저는 하나님과 한 집에서 살지만 대화 없이 필요한 말만 하는 부녀지간 같이 냉랭하고 서먹한 관계가 되어 있었습니다. 그리고 남편이 그랬던 것과 똑같이 저도 그저 먹고사느라 바빴습니다. 그렇게 꾸역꾸역 9년이라는 시간이 흘렀습니다.

그런데 얼마 전부터, '어, 내가 지금 어떻게 살아 있지?'라는 생각이 들기 시작했습니다. 회사도 힘들긴 하지만 망하지는 않았습니다. 든든한 직원들이 자리를 지켜주고 있었고, 저는 이전에 다루지 못했던 툴들을 이용해 자료를 만들고 있습니다. 아이들은 각자 주어진 자리에서 단단하고 멋지게 성장했고, 건강하신 부모님이 날마다 기도하시는 소리를 듣고 있습니다. 집을 줄여 이사를 다니다 보니 줄어든 짐과 짧아진 동선의 장점을 알게 되었고, 낙후된 아파트 주변 옛 동네가 정겹습니다. 같은 아픔을 가진 사람들을 공감하는 마음이 생겼고, 나의 가장 약한 것을 나눌 수 있는 친구들과 늘 응원하고 기도해 주는 믿음의 공동체가 있습니다. 좋은 분들을 새롭게 많이 알게 되었고, 그분들을 통해 많은 감동과 은혜를 입고 있습니다. 잃어버린 것들을 되찾기를 바랐는데, 전혀 다른 것들이 채워져 있었고 전에 모르던 새로운 세상과 자신을 알게 되었습니다. 나는 안달하고 허둥대고 벗어날 궁리만 하고 있었는데, 끔찍할 것 같던 길에 보석같이 박혀 있는 것들. 이게 다 뭐지…?

그러던 지난 2월, 새로 이사한 집 거실에서 폭설이 내린 북한산을 감탄하며 내다보는데, 뭔가 제 마음에 마침표를 찍어 주는 듯, "다 살 수 있단다. 나만 믿으렴" 하시는 주님의 음성을 듣는 것 같았습니다. 아 하나님이시군요! 정말 좋았습니다. 뭔가 엄청난 기도를 했거나 잘한 것도 아니고 문제가 해결된 것도 아니었습니다. 그냥 문득 '아, 나의 하나님… 참 좋으신 나의 아버지…'가 툭 터져 나오고, 억지로 사랑하려고 애쓰지 않아도 진짜 하나님이 너무 좋아졌습니다. 이 사랑을 머리가 아닌 가슴으로 알기까지 긴 시간 동안 쉬지 않으셨던 하나님의 섬세한 손길을 비로소 깨닫고 울컥했습니다.

도저히 못 하겠다고 징징대다가도 문득문득 하나님 앞에 잠잠하게 됐던 일들, 한 겹 또 한 겹 쌓여온 하나님을 경험하고 알아간 시간들…. 그렇게 하나님은 말씀으로 항상 함께 계셨고, 조용히 그리고 천천히 제 마음을 녹여 주고 계셨습니다. 피할 수 없는 것이 결코 불행이나 저주가 아니고 다른 차원으로의 초대였다는 깨달음, 그리고 내가 바라는 길이나 아는 방법이 아니어도 또 살아갈 수 있겠다는 담대함과 자유함과 평강이 차올랐습니다. 과거의 제가 하나님께 그토록 열심히 구한 것은 가만 보니 이 세상을 살아갈 힘과 지혜였고, 결국 기도 안 해도 잘 사는 경지에 이르도록 해달라는 기도였습니다. 내가 번듯해야 전도도 잘될 거라고 생각했지만 사실은 제 욕심이었고, 원하지 않고 생각지도 못한 길에 들어서서야 비로소 하나님을 진짜로 알고 좋아하게 된 것입니다.

하나님 잘 믿으면 축복받는다는 저의 공식은 깨어졌습니다. 그게 틀렸다거나 과거에 만났던 하나님이 가짜였던 것은 아닙니다. 하지만 너나 잘 믿으라던 남편의 말이 정확했습니다. 내가 기도해서 응답받고, 내가 순종해서 축복받고, 내가 잘못해서 저주받고, 모두 '내'가 중심이 된 신앙이었던 것입니다. 그동안 저는 하나님 심기를 건드려서 잘못될까 두려워 열심히 하다가, 조금만 문제가 생기면 내 탓인가 싶어 쪼그라들고, 그러다 뭔가 좀 되면 승리감에 우쭐대고, 다음에 적용할 공식으로 만들어 그 공식을 누군가에게 주입하려 했었습니다. 하지만 하나님은 제가 이해하고 이용할 수 있는 분이 아닙니다. 저에게는 아무런 소망도 근거도 없다는 것과 상처와 고난, 모든 것을 재료 삼아 선을 이루시는 하나님을 조금 체험했을 뿐입니다.

제가 할 일은 그저 주어지는 하루하루를 좌충우돌 또 살아내는 일 같습니다. 앞으로 살아갈 날이 겁나기도 하고, 가시밭길이 나타나면 또 징징대겠지만, 여기까지 함께하신 하나님, 어떤 상황에서도 나의 어떠함과 상관없이 나를 사랑하시며 잡은 손을 놓지 않으실 좋으신 나의 하나님이 마음의 중심에서 믿어집니다.

"그동안 진심이 아닌 것 같아 자신 있게 말씀드리지 못했는데요… 아버지, 사랑합니다."

고난 속에서도
형통의 하나님을 만나다

이은혜 선교사, 전 에스앤지파워 대표, 전 데일카네기연구소 부사장

저는 고난 속에서도 형통의 하나님을
만났습니다. 요셉만 형통한 자가 아닙니다.
저도 형통한 자입니다.
하나님은 빈곤 속에서 풍요를 누리게 하셨고,
고난 속에서 웃음을 찾게 하셨습니다.
여기까지 인도하신 하나님을
신뢰하며 찬양합니다.

저는 모태신앙으로 태어나서 교회에 다니는 게 너무 당연한 아이로 자랐습니다. 오히려 교회에 가지 않으면 종아리를 맞는 그런 집이었습니다. 그래서 주일학교 모범어린이였지요. 아빠가 집에 계시는 시간에는 늘 찬송가를 틀어놔서 다 큰 어른이 되어서도 아는 가요가 하나도 없을 정도였습니다.

중학교 2학년 때 수련회 가서 처음으로 하나님이란 존재가 있다는 것을 체험했습니다. 회개도 하고 성령을 받아서 방언을 시작하게 되었습니다. 통변의 은사가 있던 전도사님이 십자가의 반석이 된다는 방언이라고 알려 주셨는데, 사역의 사명인 것 같아 못 들은 척했습니다. 목사님 가정처럼 어렵게 살고 싶지 않았기 때문입니다.

그러다 중2 겨울에 아빠가 갑자기 돌아가셨습니다. 예수님 잘 믿고 누구에게나 존경받던 우리 아빠. 하나님이 살아계시다면 어떻게 그런 아빠가 뇌일혈로 갑자기 돌아가실 수 있는 것인지…. 하나님이 미웠습니다. 하나님을 부인했습니다.

학교도 가기 싫고 공부도 하기 싫고 밥도 먹기 싫던 어느 날 배탈이 났습니다. 공부시간에 화장실을 가기 위해 교무실 복도를 지나고 있었습니다. 우리 동네 말썽꾸러기 친구가 있었는데 그 친구 엄마가 교무실에서 담임선생님과 상담을 하고 있었습니다. 두 분은 제가 복도에 있는 것을 모르고 계셨는데 마침 제 이름이 들렸습니다.

"이은혜랑 놀게 하세요. 얘는 예수 믿는 아이예요. 이은혜는 착하고 공부도 잘하고 성실하고 바르고 친구들도 잘 도와주고…." 어마어마한 칭찬이 담임선생님 입을 통해 쏟아지기 시작했습니다.

저는 아빠한테 많은 사랑을 받고 자랐습니다. 돌아가시기 전까지 저를 업고 새벽기도를 다니셨습니다. 그런 사랑을 받고 자랐기에 아빠가 없는 세상은 마치 홀로 서 있는 것처럼 절망적이었습니다. 그런데 담임선생님이 그렇게 칭찬을 해주시니까 아빠가 말씀하시는 것 같아 눈물이 울컥 나왔습니다. 갑자기 하늘에서 스포트라이트가 저한테 온전히 쏟아지는 것처럼 마음이 충만해졌습니다. 그 순간은 나를 지키시는 하나님, 나를 보살피시는 하나님을 만나는 시간이었습니다.

그날부터 마음을 다잡고 공부를 하기 시작했습니다. 장학금도 받게 되었습니다. 그 장학금 봉투를 엄마에게 드린 날,

엄마는 정말 살기 힘들어서 우리와 함께 죽고 싶다는 생각을 하던 차였다고 합니다. 제가 장학금 봉투를 드리니까 어머니는 그 자리에 앉아서 엉엉 우셨습니다. 그 장학금 봉투가 우리 식구 모두를 살린 것입니다. 하나님께서 그 시간에도 우리 가족과 함께하신다는 것을 느낄 수 있었습니다.

스무 살 때 교회 수련회 가서 영의 세계가 열렸습니다. 입신해서 천국과 지옥도 다녀오고 환상도 보고 영분별의 은사도 받았습니다. 하나님이 "이은혜, 너는 내 거다"라고 미리 찜해 두시는 것이라고 생각했습니다.

결혼하고 남미로 이민을 가서 20년 살다가 돌아온 한국은 낯선 땅이었습니다. 남미, 한국 어디에 있어도 부평초 같다는 생각이 들었습니다. 다시 홀로 서 있는 느낌이었습니다. 오로지 하나님밖에 친구가 없었습니다.

돌아온 한국에서 코칭을 배우게 됐습니다. 열심히 한 결과 거의 모든 대기업에서 코칭 강의를 하게 됐습니다. MBC 〈희망특강 파랑새〉 프로그램에 나가서 리더십 강의도 하며 강사로서 인정받아 신났습니다. 한국카네기연구소 부사장으로서 사람들의 삶을 변화시키는 코칭과 강의를 이어가며, 하나님의 지혜를 삶에 녹여내고자 노력했습니다. 그러나 코칭은 많은 집중력과 에너지를 필요로 했습니다.

경제적으로 안정되기 위해서는 시스템을 만들어야 한다고 생각했을 때 사업의 기회가 왔습니다. 이스라엘 기술로 만든 최신 무정전전원공급장치를 파는 것이었습니다. 영업이라면 자신 있다는 생각으로 시작했지만 기술영업은 전혀 다른 분야인 것을 나중에 깨달았습니다. 모르는 분야를 새로 배워서 하는 것이라서 더 많은 노력이 필요했습니다. 더 하나님께 의지해야 하는 나날이 시작됐습니다. 잠까지 줄이며 하나님께 매달렸습니다. 모든 일에 기도로 시작했고, 기도하며 걷는 버릇도 생겼습니다.

한전과 미팅이 이뤄졌습니다. 그들은 모듈형UPS에 관심이 많았습니다. 게다가 저희 제품 용량이 모듈당 10킬로 단위인 것이 한전과 걸맞다고 하면서, 국산화를 하면 한전에서 쓰겠다고 했습니다. 국산화를 해야 쓸 수 있다는 난감한 얘기였습니다. 그래서 국산화에 도전을 하기로 했습니다.

기도하는 마음으로 이스라엘로 가서 기술이전 협상을 했습니다. 이스라엘이 판매하지 못하는 지역인 아랍, 중국, 일본, 그리고 한국은 내가 팔아 보겠으니 기술이전을 해달라고 했습니다. 놀랍게도 그들은 흔쾌히 응해 줬습니다. '내가 기술을 아는 사람도 아닌데 아니 날 뭘 믿고?' 나조차 나를 의심하는데 그들은 저를 믿어 줬습니다. 하나님께 감사기도를 했습니다.

이스라엘 감마트로닉(GAMAtronic)과 기술 제휴를 통해 국내 최초의 모듈형 무정전전원공급장치(UPS)인 '스마트K(Smart K)'를 개발하였습니다. 공공기관에 팔려면 KS인증과 조달청 등록이 필수였습니다. 하지만 신기술 신제품이라서 인증받기도 쉽지 않았습니다. 저희 제품에 대한 KS인증 사례가 없어 법령을 만드는 데만 5년이 걸린다는 얘기를 들었습니다. 1년을 쫓아다니며 사정했습니다. 하도 귀찮게 하니까 인증센터에 제 이름이 블랙리스트로 올라간 것을 나중에 알았습니다. 결국 일반형UPS 검사를 통과해 KS 인증을 받았습니다.

조달청에 등록하려니 비슷한 제품이 2개 이상 있어야 한다고 했습니다. 국내에 모듈형UPS는 저희 회사에만 있는데 난감한 상황이었습니다. 울면서 하나님께 기도했습니다. 조달청에 계신 분이 그냥 일반UPS로 올리자고 했습니다. 제조 가격에서부터 차이가 많이 나는 고급 제품을 일반제품과 가격 경쟁을 하며 조달청에 등록을 해야 했습니다. 그나마도 공공기관에 판 이력이 있어야 조달청에 등록이 된다고 했습니다. 또 하나님께 매달렸습니다.

새로 개발한 기계를 공공기관에서 사준다는 것은 참으로 어려운 일이었습니다. 반드시 기적이 일어나야 할 상황이었습니다. 마침 수자원공사에서 국산 모듈형UPS를 찾고 있었습니다. 미국산으로 기획했다가 어떤 이유에서인지 갑자기 국산으로 전면 조정됐다고 합니다. 국산 모듈형UPS는 저희 회사 밖에 없었기에 수자원공사에서 연락이 왔습니다. 정성을 다해 설치를 해줬고 그들은 아주 만족해했습니다. 그렇게 첫 테이프를 수자원공사에서 끊었습니다. 하나님께서 하셨다고밖에 할 수 없었습니다. 그렇게 공공시장에 진출했습니다,

국방부도 3년을 끈질기게 쫓아다녔습니다. 어떻게 해야 국방부에 저희 신기술 신제품을 납품할 수 있는지 알아보고 다녔습니다. 국방부 사람들이 오히려 "사장님 좀 파셨습니까?" 하고 걱정해 주며 물어올 정도였습니다. 결국 저 때문에 신기술전시회가 새로 생겼고, 그 전시회를 통해 국방부에도 저희 제품이 들어가게 됐습니다.

한국전력 기본규격서로 올리고 5대 발전소 기자재 등록업체로 선정되는 등 하나님의 은혜로 많은 성과를 이루어냈습니다. 모든 것이 하나님의 은혜였습니다.

기계가 한 대 한 대 나갈 때마다 엔지니어들과 기계를 붙잡고 기도했습니다. 이 기계를 만든 우리와 이것을 사용하는 분들 모두가 하나님의 축복 속에 있게 해달라고, 이 기계로 인해 평강과 기쁨이 넘치게 해달라고…. 직원들도 축복기도여서 그런지 모두 눈감고 간절한 기도에 동참했습니다.

쉬는 날이면 혼자 출근해서 직원들 컴퓨터, 의자, 책상 하나하나를 붙잡고 기도했습니다. 그들이 이 회사에서 하나님을 만나게 해주시고, 하나님과 동행하는 삶을 살게 해달라고 기도했습니다. 우리 사업이 하나님 영광을 위해 쓰임 받게 해달라고 기도했습니다.

회사는 어려웠지만 서로 존중하며 일하니까 모두 평안했습니다. 하나님의 섬세한 계획과 은혜가 저를 통해 세상에 흘러가도록 역사하심을 느꼈습니다. 사업은 하나님의 도구였고,

이를 통해 저는 세상을 섬기며 하나님의 영광을 드러낼 수 있었습니다.

그러나 예상치 못했던 여러 가지 고난이 찾아왔습니다. 문화선교를 하며 진행했던 일들이 삐걱거리며 저를 공격했고, 암 진단을 받으며 삶과 죽음의 갈림길에 섰습니다. 사업은 더 이상 지속할 수 없었고, 결국 회사 문을 닫아야 했습니다.

삼중음성의 암 세포는 악성이며 속도가 빠르다고 했습니다. 항암주사 후유증은 의외로 많은 정상세포를 파괴했고 그 후유증이 심했습니다. 허리 디스크도 파열되며 다리가 마비되었고 그로 인해 기저귀까지 차고 휠체어를 타게 됐습니다.

'왜? 왜 내게 이런 암이?'

이해가 되지 않았습니다. 누구보다도 성실하게 살았고, 누구보다도 열심히 하나님을 믿었는데 왜 제게 이런 일이 일어난 걸까요?

그때 다시 깨달았습니다. 'Why not?'

그러게요. '왜 나는 암이 걸리면 안 된다고 생각하는 거지?'라는 생각이 들면서 마음이 평안해졌습니다. '하나님의 뜻이 있겠지. 그분이 알아서 해주시겠지. 죽으면 천국 가는 거지 뭐. 별 수 있나.'

괴로운 것은 아픔이었습니다. 허리 디스크가 터지며 오른쪽 신경다발을 눌러 염증이 생기기 시작했습니다. 고통스러웠습니다. 앉아도 서도 누워도 아팠습니다. 의사가 질문했습니다. "고통의 정도가 1~10이 있는데 어디에 해당합니까?" 저는 "9"라고 대답했습니다. 아주 많이 아프지만 그 자리에서 딱 죽을 정도는 아니라고 판단했기 때문입니다. 항암후유증으로 혈변을 보고 토하느라 일주일을 누워 있을 때도 울지 않았는데 이 저림의 고통은 너무 심해서 엉엉 울었습니다.

텔레비전에 아주 멋진 바닷가 별장이 나왔는데 하얀 커튼이 바람에 아름답게 팔락이고 있었습니다. 평소의 저라면 '와, 저런 곳에 가서 쉬고 싶다. 놀러가고 싶다' 그랬을 텐데 그때의 저는 이렇게 생각했습니다. '지금 내가 저곳에 있다면 꼼짝없이 아파서 죽겠구나.' 실소가 나왔습니다. 그러면서 모든 헛된 것에 대한 마음을 내려놓게 되었습니다. '그래, 다 헛되구나.'

같은 병실에 있던 사람들이 죽는 것을 보았습니다. 그리고 아픔을 느낀다는 것이 살아 있다는 것임을 깨닫게 되었습니다. 아주 사소한 것들에 감사하게 됐습니다. 내 발로 걸어서 화장실을 간다는 것이 얼마나 나를 존엄하게 하는지를 알게 됐습니다. 이제는 걸어서 화장실을 마음대로 들락날락 할 수 있으니 얼마나 기쁜 일인지 모릅니다.

그 뒤로 삶의 고난이 파도처럼 여러 가지 형태로 닥쳐왔지만 마음은 평안했습니다. '하나님의 뜻이 있겠지' 하고 기다리는 저를 발견했습니다. 그리고 언제나 제 옆에는 하나님이 계셨습니다.

요즘은 문화선교와 디지털선교를 통해서도 하나님을 전파

하고 있습니다. 얼마 전 베트남 선교지에서 넘어져 손목이 부러졌는데도 그저 감사가 나왔습니다. '왼손이니 다행이야. 발이 아닌 게 어디야.' 어느새 저는 감사선수가 되어 있었습니다.

이처럼 저는 고난 속에서도 형통의 하나님을 만났습니다. 요셉만 형통한 자가 아닙니다. 저도 형통한 자입니다. 하나님은 빈곤 속에서 풍요를 누리게 하셨고, 고난 속에서 웃음을 찾게 하셨습니다. 여기까지 인도하신 하나님을 신뢰하며 찬양합니다.

지금의 저는 세상적으로 봤을 때 실패자 같습니다. 경제적으로, 사회적으로, 육체적으로 연약한 상태입니다. 그야말로 '구속한 주만 보이도다' 상태입니다. 그러다 보니 더 영적인 풍요로움을 누리게 되었습니다. 하나님께서 은혜를 폭포수처럼 내려 주고 계십니다. 얼마나 기쁜 일인지요. 은혜와 사랑의 하나님이 제 삶을 가득 메우고 있습니다. 앞으로 어떻게 인도해 나가실지 모르지만 이 시간이 행복합니다. 그저 즐겁습니다.

과거의 모든 경험, 성공과 실패, 그리고 고난의 시간까지 모두가 하나님의 섬세한 손길로 빚어진 과정임을 믿습니다. 제가 살아왔던 모든 발자국과 길들이 발판이 되어 줄 것이며, 이제 하나님의 뜻대로 나아가기만 하면 된다는 것을 깨닫고 평강의 하나님과 동행하고 있습니다. 그런 하나님을 세상에 전하는 도구로 쓰임 받는 지금 이 순간 또한 큰 은혜임을 믿습니다.

모든 영광을 하나님께 돌립니다.

광야길에서 만난 하나님

이호수 AI 전문가, 삼성전자 부사장, SK 텔레콤 사장 역임

목사님은 "초신자는 있는 죄도 못 보지만,
신앙이 성숙될수록 자기의 죄를 보는
현미경의 배율이 높아지는 것"이라고 하시며
"정말 신앙이 높아지면, 죄가 아닌 것 같은
미미한 죄도 산더미같이 큰 죄로 보이는 것"
이라고 덧붙이셨습니다.
성숙한 크리스천은 "죄를 보는 전자현미경"을
가지고 있어서 죄에 대해 매우 민감하게
된다는 말씀이었습니다.

지난 세월을 돌아보면 바람이 세차게 부는 황량한 광야를 지나는 삶이었습니다. 하나님을 알기 전에는 홀로 광야를 걸어갔습니다. 헤매고 힘들었던 때가 많았습니다. 가을 낙엽이 바람에 흩날리듯, 목표도 없이 세월이 흘러갔습니다. 어디에 있는지, 어디로 가고 있는지도 몰랐고 불안한 나날이 많았습니다.

광야에서 헤매던 어느 날, 하나님이 저를 만나 주시고 길잡이가 되어 주셨습니다. 황량한 광야에 길을 만들어 주시고, 네비게이터도 주셨습니다. 네비게이터에 도달해야 할 목적지도 찍어 주셨습니다. 나아가는 중에 환경이 너무 거칠거나 지쳐 힘들어할 때는 저를 안고 가셨습니다. 주께서 넘치도록 부어 주신 은혜는 세상의 언어로는 표현할 수 없습니다.

저는 삼십대 중반까지 신앙이 없었습니다. 그즈음 저는 뉴

욕에 있는 IBM 연구소에서 인공지능 분야의 연구를 하고 있었습니다. 옆 연구실에서는 약 30명 정도의 세계 톱클래스 연구자들이 컴퓨터 비전 연구를 하고 있었습니다. 그들의 궁극적 목표는 사람 눈의 물체 인식 수준과 버금가는 기능을 만드는 것이었습니다. 어느 날 그들이 연구한 결과를 보여 주었는데, 그 성능이 사람은커녕, 잠자리 눈에도 못 미칠 정도로 실망스러웠습니다. 그날 밤 집에서 한 살밖에 안 된 제 아이가 사물을 인식하는 것을 관찰했습니다. 연구소에 세계 최고 전문가들이 모여서 오랜 기간에 걸쳐 연구한 것과 비교가 안 될 만큼 우월했습니다.

인간은 부모로부터 태어납니다. 아기는 놀랄 만한 생물학적 기능을 가지고 태어납니다. 시청각, 심장 운동, 인지, 소화 기능 등입니다. 부모는 신체의 어떤 기능도 설계하거나 만들 능력이 없습니다. 그럼 아기가 가지고 있는 그런 기능들은 누가 설계하고 만들었단 말입니까? 인간은 본인의 신체 장기 구조도 모르고 어떻게 작동하는지도 모릅니다. 잠시도 쉬지 않고 하루 종일 작동하는 뇌와 심장을 포함하여 엄청나게 복잡한 신체 장기는 누가 작동하게 할까요? 더 나아가 나는 누구고, 어디서 왔고, 어떻게 생겨났고, 어디로 가는지 등에 대한 의문이 꼬리를 물고 생겼습니다. 이러한 아주 원초적인 의문이 제가 하나님을 찾는 출발점이 되었습니다.

이러한 의문에 대해 진화론자들은 '오랜 시간에 걸쳐', '진화'에 의해서, 심지어 '우연히' 인간이 생겨났다고 말합니다. 정말입니까? 학창 시절에 배운 진화론이 인간이 만든 가설과 사실 조각들을 억지로 짜 맞춘 '그럴듯한' 이야기에 불과하다는 것은 일찍이 알고 있었습니다. '그럴듯한' 것과 '진실'은 완전히 다릅니다.

지구상 가장 단순한 생명체도 지금까지 인간이 만들어낸 어떤 것보다 훨씬 복잡한 구조를 갖고 있습니다. 인간의 신체 및 사고 기능은 결코 '진화'나 '우연히' 만들어지는 그런 조잡한 것이 아닙니다. 이토록 복잡하고 정교한 세포가 '우연히' 혹은 '진화'에 의해 생겼다고 말하는 것이 터무니없다는 생각에 이르렀습니다. 그렇다면 과연 누가 내 몸을 설계하고 만들어 (어머니를 통해 세상에 나오게 했고), 누가 작동시키고 있는지에 대한 궁금증은 오랫동안 풀리지 않은 갈증이었습니다.

학생 시절부터 "하나님은 없다"라는 이른바 '무신론'을 주장하는 목소리는 간간이 들었습니다. 하지만 하나님이 존재하지 않는다는 주장을 증명하기는 불가능합니다. 왜냐하면 무신론은 온 우주를 살펴보아 하나님이 어디에도 없다는 것을 확인한 후에야 비로소 설득력이 있기 때문입니다. 무신론을 주장하는 사람들이 온 우주를 다 탐색한 후에 하나님은 존재하지 않는다는 결론을 내렸던가요? 아니지요. 단지 그들의 마음이 그렇게 단정하고 싶은 거라는 것을 알았습니다. 그래야 마음이 편하기 때문입니다.

단군 신화의 단군왕검을 '안다'는 것과 어머니를 '안다'는 것은 그 의미가 사뭇 다릅니다. 전자는 '머리'로 안다는 것인 반면, 후자는 '가슴'으로 아는 것입니다. 저는 예전에 교회를 다닌 적이 있어 하나님의 존재는 '머리'로 어렴풋이 '알고' 있었습니다. 하지만 저와는 아무 상관이 없었습니다. 신화 속 단군왕검을 '안다'는 정도의 수준과 다르지 않았습니다. 즉 저는 무늬만 크리스천인 이른바 '나이롱 신자'였습니다. 그럼에도 마음 한 귀퉁이에는 저를 창조했다고 성경이 말하는 하나님을 알고 싶다는 실낱같은 소망이 있었습니다.

믿음인지 아닌지 구별조차 안 되는 믿음밖에 없었던 삼십 대 중반에, 어느 집사님이 저에게 "하나님을 만나고 싶으세요? 그러면 마치 약을 시간에 맞춰 먹듯이, 아침에 일어난 후와 자기 전에 1분만 이렇게 기도하세요"라면서 다음과 같은 짧은 기도를 가르쳐 주셨습니다. "하나님, 저는 하나님을 만나고 영접하기를 원합니다. 하나님은 온 천하의 모든 것을 지으신 전지전능하신 분이심을 알고 있습니다. 저는 너무 작아서 하나님을 알 수 있는 능력이 없습니다. 저를 불쌍히 보시고 은혜를 베푸시어, 저로 하여금 하나님의 존재와 사랑을 알 수 있도록 나타내 주시기를 간절히 원합니다. 예수님의 이름으로 기도합니다. 아멘."

하나님이 가장 듣기 좋아하시는 이 기도를 드릴 때, 하나님이 약속하신 대로 그를 찾는 자에게 나타나신다는 것입니다.

다만 언제, 어떤 모양으로 나타나실지는 전적으로 하나님의 뜻에 달려 있다는 말과 함께. 기도를 해도 아무 느낌이나 감정이 없었지만, 하나님의 약속을 믿고 인내를 가지고 이 기도를 계속했습니다. 그리고 약 두 달 후에 저는 하나님을 만나는 은혜를 누렸습니다. 이제 하나님을 '머리'로가 아니라 '가슴'으로 알게 된 것입니다.

하지만 저는 여전히 설익은 크리스천에 지나지 않았습니다. 왜냐하면 죄가 무엇이라는 것을 몰랐기 때문입니다. 시간이 지나면서 하나님은 제가 얼마나 무서운 죄인인지를 보여 주셨습니다.

1990년 미국 어느 집에서 몇 분과 함께 (지난 2014년 소천하신) 방지일 목사님을 모시고 말씀을 나눈 적이 있었습니다. 그 모임에서 저는 목사님께 "간단히, 신앙이 무엇입니까?"라는 질문을 했습니다. 목사님은 "초신자는 있는 죄도 못 보지만, 신앙이 성숙될수록 자기의 죄를 보는 현미경의 배율이 높아지는 것"이라고 하시며 "정말 신앙이 높아지면, 죄가 아닌 것 같은 미미한 죄도 산더미같이 큰 죄로 보이는 것"이라고 덧붙이셨습니다. 성숙한 크리스천은 "죄를 보는 전자현미경"을 가지고 있어서 죄에 대해 매우 민감하게 된다는 말씀이었습니다. 그때 비로소 죄가 무엇인지를 깨닫게 되었습니다.

그때까지만 해도 저는 죄를 잘 깨닫지 못했고, 죄를 깨닫더라도 심각하게 생각하지 않았습니다. 방 목사님의 말씀은 죄에 대한 민감성을 일깨워 주었습니다. 그 후 아주 사소한 죄에 대해서도 예민하게 여기게 되었습니다. 왜냐하면 죄가 있는 상태에서 거룩한 하나님을 대하는 것이 얼마나 고통스러운지 알기 때문입니다.

그런데 죄를 예민하게 여긴다고 해서 죄가 얌전하게 저만치 물러갔을까요? 아닙니다. 장대같은 비가 쏟아져 내릴 때, 도로에 많은 물이 고이고 종종 하수도가 역류해 아래에 갇힌 물이 분수처럼 맨홀로 솟구쳐 올라옵니다. 쓰레기와 불순물이 가득한 시커먼 흙탕물입니다. 역류를 막기 위해 모래주머니로 맨홀 위를 막고 바리케이드를 칩니다. 그러나 모래주머니 바리케이드는 곧 급류에 휩쓸려 떠내려가 사라지고, 다시 맨홀이 시커먼 물을 내뿜습니다.

맨홀에서 분수처럼 솟아오르는 더럽고 검은 역류는 저의 내부에서 끊임없이 솟구쳐 나오는 죄를 연상케 합니다. 맨홀을 모래주머니로 이중 삼중으로 쌓아 막아도 검은 물은 이를 뚫고 다시 쏟아져 나옵니다. 우리가 몸서리치는 죄에서 벗어나려고 몸부림쳐도 그것이 쉽지 않음을 연상시킵니다. 시편 51장에서 "어머니의 태 속에 있을 때부터 죄인이었고, 죄 중에 태어났다"라고 말하며 탄식했던 다윗 왕처럼, 타고난 죄성으로 어찌할 수 없는 정체성에 대해 진절머리를 치기도 했습니다. 역류로 인해 무거운 철제 맨홀 뚜껑이 들어 올려져 떠내려가듯이, 죄를 억누르고자 하는 저의 시도는 일시적이고 미봉 책에 그칠 경우가 많았습니다. 맨홀을 여러 겹의 모래주머니로 막아도 시커먼 물이 곧 다시 쏟아져 나오듯, 자아, 지식, 선행의 모래주머니는 죄 앞에서는 무력하기 짝이 없었습니다.

하지만 희망이 있습니다. 인생 여정에서 어려움과 고난의 폭우가 오는 때에도, 제가 힘들여 따로 모래주머니를 쌓을 필요가 없습니다. 하나님이 저를 위해 어떤 상황에서도 무너지지 않는 모래주머니를 쌓아 놓으셨으니까요.

하나님을 알고 나서 참 많은 것을 깨닫게 되었습니다. 무엇보다도 "내가 누구인가?"를 알게 되었습니다. 천지 만물과 저를 만드신 하나님이 저를 사랑하신다는 사실을 알게 되었습니다. 그리고 죄로 인하여 멸망할 수밖에 없었지만, 십자가에서 흘린 예수님의 보혈로 죄 사함과 구원을 받아 영원한 생명을 가지게 된 것을 알게 되었습니다.

예수님은 부활하신 후 무덤가에 찾아온 막달라 마리아를 비롯한 여인들에게 제일 먼저 "평안하냐?"라고 물으셨습니다. 저에게 동일한 질문을 하셨을 때 "네, 평안합니다"라고 대답할 수 있게 된 은혜를 감사드립니다.

삶으로 증명하라

이효승 네오와인 대표이사

저는 사업상 파트너에게 항상 진실함과
진정성을 갖고 말하고 행동합니다.
말 한마디가 도장인 세상에서 정말 무겁게
신용과 의리를 지키며 줄 것은 주고
받을 것은 받아왔습니다.
저에게 있어 신용은 신앙이었고
그 자체가 하나님의 나라였습니다.

운영하는 회사인 네오와인 사업자 등록증 날짜가 2002년 6월 4일이니 23년차 회사가 되었습니다. 나름대로 열심히 선교와 교회 일을 했다고 생각하지만 항상 부족하게 느껴집니다.

그럼에도 불구하고 하나님의 도우심으로 꿋꿋하게 잘 지켜가는 원칙이 있습니다. 그것은 줄 것과 받을 것에 대한 약속입니다. 사업을 시작하기 전, 저는 사업을 하게 되면 친척, 친구, 지인에게 돈 꾸러 다니지 않게 해달라고 간절히 구했습니다. 사실 꿔줄 여유나 마음이 있는 친척도 딱히 없었고, 천성적으로 어디 가서 아쉬운 소리를 잘 못하기도 합니다.

사업가의 말은 도장이고 하나님 앞에서 신앙 그 자체라고 생각합니다. 사업상 대관업무나 어쩔 수 없이 상호 묵인 아래 용인되는 수준을 빼고 돈이 걸린 약속은 한 번도 어긴 적이 없습니다. 줄 것을 주는 것은 어떻게든 지켰습니다. 그게 물건

값이나 급여나 용역비나 어떤 것이라도. 반대로 돈을 받는 것은 제가 지킬 수 있는 것은 아니었지만 다행히 하나님의 은혜로 만 여 장의 세금계산서에서 미수금은 1/1,000도 안 됩니다. 2004년부터 중국과 거래를 했는데, 거짓말과 신용수준이 바닥인 중국인들과의 거래에서 미수금 1/1,000은 거의 불가능한 수치입니다. 그것조차도 사업초기 몇 년간에 걸친 미수였고 결국 끝까지 다 받았습니다. 회사별로 커스터마이징된 반도체 공급망이라, 또 한 번 공급되면 달리 다른 데서 공급받을 수도 없는 사업 아이템이라 이런 비지니스가 가능했을 것입니다.

중국 심천, 상해, 북경, 대만의 신추, 타이페이 17개 대리점과 거래한 이력이 10년이 넘습니다. 간혹 대리점이 배신하고 경쟁사 제품을 취급하거나 저희 인력을 스카웃하는 일도 있었지만 저는 한 번도 대리점에 거짓말을 하거나 배신하지 않았습니다. 그 이유는 제가 한국인이고 하나님의 자녀이기 때문이었습니다.

저는 사업상 파트너에게 항상 진실함과 진정성을 갖고 말하고 행동합니다. 물론 하드웨어 시스템 반도체를 취급하다 보니, 제 의도와는 다르게 불량과 문제가 발생하기도 하고 고객사의 오해나 실수로 불량을 의심받기도 합니다. 그럴 때마다 저희의 실수나 문제는 원인을 공개하고 사과를 했으며 저희 문제가 아닌 것은 아니라고 했습니다. 말 한마디가 도장인 세상에서 정말 무겁게 신용과 의리를 지키며 줄 것은 주고 받을 것은 받아왔습니다.

사업가는 무엇으로 신앙을 증명할까요? 사업가는 어떻게 선교를 해야 할까요? 최선을 다해서 진실함을 보이고, 솔직해지고, 사기 치지 않고, 줄 것과 받을 것의 경계를 명확히 하고…. 이런 것이 선교가 아닐까요? 저에게 있어 신용은 신앙이었고 그 자체가 하나님의 나라였습니다.

솔직히 중국에서 말씀을 전하거나 전도를 한 적은 없습니다. 그럼에도 불구하고 저와 저희 회사는 사업을 통해 하나님 나라를 구현하기 위해 노력했습니다. 하나님 나라는 무한한 신뢰와 믿음과 성실과 공의를 바탕으로 세워진 나라이기 때문입니다.

중국과의 만 건 가까운 거래에서 거래처에 문제가 생기거나 예상된다면 미리미리 통보하고, 급여 연체하지 않고, 말한 것은 항상 지키려고 하며, 상대편에게도 계약서대로 이행하지 않을 때에만 추궁을 했습니다.

저희가 취급하는 반도체는 복제방지 반도체입니다. 숱한 유혹과 일확천금의 기회가 있어도 신앙 때문에 성실함을 유지하고 있습니다. 제조하는 시스템반도체의 정확도와 신뢰성, 무역과 거래과정의 투명성을 통해 수천 개에 회사에 1.2억 개의 반도체를 판매하면서, 제가 지킨 신용으로 중국 상인과 회사와 회사원들에게 신뢰감과 믿음이라는 하나님의 나라를 전했다고 생각합니다.

네오와인은 "새 술은 새 부대에"에서 '새 술'이라는 뜻입니다. 하나님의 말씀과 성경을 걸고 제가 어떻게 거짓말을 할 수 있겠습니까? 신앙과 신용을 지키고도 망하지 않게 하시는 하나님의 은혜에 감사드립니다.

인생 여정을 잠시 돌아보며

임현민 가칭 ㈜BWG 창업 준비 중

겨울과 같은 시기를 통과하고 따뜻한 봄을 맞이하면서, 하나님께서는 결코 우연히 그 길을 통과하게 하지는 않으셨을 텐데 그러면 내가 왜 그 터널을 통과해야 했을까 생각해 보았습니다. 아마 누군가가 인생의 겨울 길을 가고 있을 때 위로자로서 옆에서 함께하라고 하시는 것 같았습니다.

저는 월남하신 부모님의 맏이로 어머니 신앙 덕분에 어릴 때부터 교회에 다니며 성경 인물 이야기를 듣고, 꿈꾸는 하나님의 사람 요셉을 동경하며, 믿음의 주요 또 온전하게 하시는 예수님을 만나게 되었습니다.

초등학교 3학년 때 전학하면서 인사를 하러 교장실에 어머니와 손잡고 들어갔던 때, 우리 학교에 이렇게 훌륭한 학생이 와서 기대된다는 교장선생님의 말씀이 지금도 생각납니다. 그 격려의 한마디가 숫기 없는 어린 저에게 좋았나 봅니다.

지금은 이사야 41장 10절 "두려워하지 말라 내가 너와 함께함이라 놀라지 말라 나는 네 하나님이 됨이라 내가 너를 굳세게 하리라 참으로 너를 도와주리라 참으로 나의 의로운 오른손으로 너를 붙들리라"라는 말씀이 우리를 향한 하나님의 마음이고, 예수님이 바로 그 구원자, 격려자로 나와 함께하신다는 사실이 마음을 든든하게 합니다.

누군가의 기대를 받는 것은 가슴 설레는 일입니다. 인생 60이 넘은 지금도 기대를 하는 분이 계시다는 것이 저를 설레게 만듭니다. 나의 하나님, 나의 주님이 그렇습니다. 박영선 목사님의 책「하나님의 열심」에 나오는 것처럼, 하나님은 우리를 설득해 오셨고 지금도 여전히 설득하고 계신다는 사실, 우리의 운명이 하나님께 설득되어 구원을 얻었다는 사실, 하나님의 끈질긴 설득하심으로 우리가 믿음의 사람이 되어가고 있다는 사실이 절절히 와닿습니다. 하나님의 기대와 기다림이 있기에 우리는 기도하며 하나님의 사람 되기를 꿈꾸며 나아갑니다.

인생길에 아쉬움이 곳곳에 묻어날 수밖에 없겠지만 내가 있는 곳의 의미와 해야 할 일을 일찍 깨달아 알았다면 좋았겠다는 생각이 듭니다. 베드로전서 2장 9절 "그러나 너희는 택하신 족속이요 왕 같은 제사장들이요 거룩한 나라요 그의 소유가 된 백성이니 이는 너희를 어두운 데서 불러내어 그의 기이한 빛에 들어가게 하신 이의 아름다운 덕을 선포하게 하려 하심이라"는 말씀과 같이 우리의 신분, 우리의 사명을 늘 일깨우기를 소망합니다.

고2에 접어들 무렵에 있었던 어머니의 교통사고, 근면을 가르쳐 주셨던 할아버지의 별세, 1년 동안 어머니의 병수발을 하시며 책임감과 무력감에 힘들어하셨던 아버지의 모습이 생각납니다. 그러나 이런 저런 일을 마다하지 않고 용기를 내신 아버지, 소녀 같은 분이시지만 오직 자식들이 열심히 공부할 수 있도록 묵묵히 자리를 지키신 어머니를 통해 하나님은 제게 힘을 주셨습니다.

한양대학교에서 생활비를 지원받으며 공부할 수 있도록 길을 열어 주신 것, KT 연구소에서 병역특례로 근무를 시작하여 정년퇴직까지 할 수 있도록 허락해 주신 것을 경험하면서 주님은 자녀 된 우리를 세밀하게 보살피시는 분임을 알게 되었습니다.

하나님께서는 가정을 통해 하나님 사랑을 더 깊이 누리게 하셨습니다. 생일날 처음 만나 비전을 나누고 서로에게 상쾌했다고 말한 제 인생의 짝인 아내를 여보(여호와의 보석)라 부르며, 두 딸을 여은(여호와의 은혜), 여진(여호와의 진실)이라 이름 짓고 그 이름에 걸맞은 인생이 되기를 기원하며 기뻐했습니다.

신앙생활의 기반이 되는 교회를 통해 역사하시는 하나님의 은혜가 큽니다. 흑석동 벧엘교회는 제가 주일학교와 청년 시절을 보내고, 경제적인 여건 등을 고려하지 않고 겁 없이 시집온 아내와 신혼 초 5년간 함께 신앙생활을 한 고향 교회입니다. 홀어머니와 공부 중인 여동생 둘과 함께 살았던 국립묘지 밑 일명 똥고개라 불리던 동네에 자리 잡은 협소한 연립 주택에서 겨울에 아내와 함께 알콩달콩 보일러 등유를 사러 교회 옆 주유소에 오가던 기억이 생생합니다.

대전 새로남교회에서 30대와 40대 15년간 신앙생활을 하면서 제자훈련, 사역훈련, 전도폭발훈련을 하고, 다락방 성경공부를 인도하는 순장으로, 중등부 교사로 봉사했던 뜨거웠던 신앙의 계절이 그립습니다. 아내와 어린 두 딸들과 40일 새벽기도를 수차례 하고 만년동교회 부지 땅 밟기를 하면서 예배당 건축을 위해 온 교인이 헌신했던 기억, 성전건축헌금을 작정하고 최선을 다했던 일이 떠오릅니다.

아브라함이 고향과 친척과 아버지의 집을 떠나 하나님이 보여 주신 땅으로 간 것과 같이 대전에서의 신앙생활은 매너리즘에 빠질 수 있었던 저의 신앙의 돌파구가 되어 주었습니다. 저는 신앙의 여정 가운데 전심을 다해 주를 위해 헌신할 수 있을 때 헌신해 보라고 말하고 싶습니다. 그리고 그 기쁨과 감격을 누려 보라고 도전하고 싶습니다.

22년간의 연구소 생활을 청산하고 2010년 1월 서울로 돌아오면서 기업고객 영업 분야에서 12년간 새롭게 일하며 다시 신입사원의 심정과 자세를 갖게 하시고, 주님과의 첫사랑을 견지할 수 있도록 하신 하나님을 생각합니다. 양화진외국인선교사묘원에 자리 잡은 100주년기념교회에서 신앙생활을 하면서 하나님 말씀을 존중히 여기며 청종하는 삶을 살기를, 다니엘처럼 하나님을 향해 창문을 열고 하나님과 소통하는 믿음의 사람이 되기를 소망하고 있습니다.

모든 만남 속에 각별한 뜻이 있다는 것, 우리 입에서 나오는 말 한마디가, 우리가 기록하는 문장과 단어 하나가 유의미한 생명의 씨앗이 될 수 있다는 것, 급하지 않게 상대를 대하는 예의가 우리 삶을 더 살맛 나게 한다는 것을 매일의 삶에서 깨닫습니다.

2021년 우울감과 무력감으로 굉장히 깊은 인생의 슬럼프를 겪었습니다. 극히 이례적인 일이라 무척 난감했지만, 그때도 하나님은 아내의 인내와 격려, 가족과 믿음의 동역자의 중보기도, 신경정신과 선생님의 상담 도움 등으로 세심하게 계속 일하셨습니다.

새벽에 하나님께 기도하려 애썼지만 여느 새벽과 같은 마음은 아니었고, 구역 성경 공부 참석도 결단이 필요한 상태였습니다. 하지만 구역 가족의 소원기도 간증을 듣고 저희 부부는 아파트 주위 약 1km를 돌면서 하루에 한 바퀴씩 침묵의 기도를 드리고, 마지막 7일째는 7바퀴를 돌면서 침묵의 기도와 통성으로 외치는 여리고성 돌기 기도를 했습니다. 놀랍게도 어느 순간에 눈 녹듯이 저의 마음이 치유됨을 알았고 성령 하나님 은혜를 느끼게 되었습니다.

회복의 은혜는 귀합니다. 평안과 기쁨으로 충만하여 사랑하는 어머니와 믿음의 대장부 장모님을 위시한 믿음의 가족들과 환한 얼굴로 만나 교제하고, 치료를 돕던 의사 선생님도 함께 기뻐하며 좋아하던 모습이 떠오릅니다.

겨울과 같은 시기를 통과하고 따뜻한 봄을 맞이하면서, 하나님께서는 결코 우연히 그 길을 통과하게 하지는 않으셨을 텐데 그러면 내가 왜 그 터널을 통과해야 했을까 생각해 보았습니다. 아마 누군가가 인생의 겨울 길을 가고 있을 때 위로자로서 옆에서 함께하라고 하시는 것 같았습니다.

오래전 노숙자(홈리스)의 이야기와 삶의 흔적을 담을 수 있다면 반면교사로서 역할을 할 수 있겠다는 생각을 한 적이 있습니다. 삶의 흔적을 체계적으로 남기고 서로 소통하는 접촉점이 마련될 수 있도록 삶의 경험과 경륜을 비롯한 유·무형 흔적을 체계화하는, 특히 시니어와 젊은이를 연결하는 플랫폼 서비스가 있으면 좋겠다는 마음이었습니다. 그 생각의 단초 가운데 우리 사회에 유익이 되고 필요한 비즈니스 모델을 구상하고 실현해 나갈 수 있기를 기대하며 사업을 준비하고 있습니다.

34년간 다니던 KT에 창업 휴직 신청을 하고 사업을 준비하던 중, 대전에서부터 오랫동안 교제하던 (주)코이노 오주병 대표의 권유와 추천으로 크리스천 IT CEO 모임인 솔리데오를 소개받아 얼떨결에 멤버가 되었습니다. 퇴직 이후 갈 길이 제법 먼 사업을 준비 중인지라 여전히 부담을 안고 있기는 하지만, 만남의 은혜와 기쁨을 누리며 믿음의 교제를 하고 있습니다.

요즘은 아내와 외손자를 돌보는 일에 적지 않은 시간을 보내면서 생명의 소중함과 감사와 감격을 더욱더 풍성히 경험하고 있습니다. 우리를 자녀 삼으시고 그리스도의 장성한 분량이 충만한 데까지 이르기를 원하시는 하나님의 마음을 더욱 깊이 깨달아 알기 원합니다.

최근 우리 사회에서나 교회 공동체에서도 어른을 찾아보기 힘들다는 것을 느끼며 어른답게 살아갔으면 하는 마음을 갖게 됩니다. 무엇을 하든 하나님께서 오늘 밤이라도 불러 가시면 다 내려놓고 가야 하는 존재임을 늘 명심하고, 하나님 앞에 섰을 때 "애썼다, 수고했다"라는 칭찬을 받고 싶습니다.

크리스천에 걸맞음이 무엇일까 생각하며, 이 세상의 소금과 빛으로서 살아가라 말씀하시는 주님과 함께 가는 그 길을 체면을 잃지 않고 걸어가기를 소망합니다.

사랑의 손길로 치유하신 하나님

전생명 FMnC 선교회 선교사

저의 눈에서 일어난 망막박리를 하나님의
손으로 만져 주셨습니다. 하나님께서
레이저로 수술하듯 치료해 주셨습니다.
제가 한 것은 아무것도 없습니다.
두 명의 의사가 한 것도 없습니다.
단지 검사만 했을 뿐입니다.
주님께서 모든 것을 다 하셨습니다.

불혹의 나이를 한 살 앞둔 나이에 세상의 다양한 유혹을 뿌리치고, 우즈베키스탄의 선교사로 헌신한 것은 하나님의 은혜였습니다.

한양대 겸임교수를 하면서, 친구들과 시작한 사업체 '꿈과 기술'을 운영하며 한국에서 잘 살 수 있었습니다. 그러나 그런 삶이 제 마음에 흡족하지 않았던 것은 하나님이 주신 은혜였습니다. 하나님의 인도하심을 따라 믿음의 동료들과 함께 FMnC(IT 전문인 선교회)라는 선교회를 만든 이후 두 번의 죽을 뻔한 경험을 통해 하나님을 더 의뢰할 수 있었던 것도 은혜입니다.

이제 하나님이 주신 또 하나의 은혜를 나누고 싶습니다. 2019년 가을에 있었던 일입니다. 사무실에서 근무하고 있던 어느 날, 오후 시간이라 피곤해서 눈을 감고 기도를 했습니다.

혼자 사용하는 사무실이라서 아무에게도 방해받지 않고 기도를 할 수 있었습니다. 기도하는데 머리가 흔들리며, 머리가 시원해지는 느낌이 들었습니다. 그런데 왼쪽 눈이 번쩍 하면서, 왼쪽 눈에 날파리 같은 것들이 날아다니기 시작했습니다. 그리고 주기적으로 왼쪽 눈의 왼쪽 부분에 빛이 번쩍번쩍 비쳤습니다. 저에게 평생 이런 적은 없었습니다.

이것이 무슨 상황인지 궁금해서 인터넷을 검색했습니다. 번쩍이는 것은 광시증, 날파리 같은 것들이 날아다니는 것은 비문증이라는 것을 알았습니다. 사실 날파리 같은 것들이 날아다니는 비문증은 저에게 간혹 있었습니다. 그러나 광시증은 처음 경험하는 것이었습니다.

근무하기가 힘들었습니다. 그래서 조기 퇴근을 하고, 집으로 돌아가 잠자리에 누웠습니다. 다음 날인 토요일, 디지털 선교사들이 모이는 모임이 있었습니다. 저의 상황에 대해서 이야기를 나누자, 나이가 드신 한 선교사님께서 망막박리가 일어났을 가능성이 있으니 빨리 안과에 가보라고 했습니다. 그리고 망막박리는 실명할 수 있는 위험을 동반한다고 말해 주었습니다.

그래서 월요일에 아내와 함께 예전부터 잘 아는 JC빛 소망 안과에 진료를 보러 갔습니다. 비문증과 광시증이 일어났고, 혹시 망막박리인지 확인하기 위해서 왔다고 했습니다. 여러 가지 검사를 했고, 시약을 눈에 넣은 후 의사 선생님이 직접 눈 검사를 했습니다.

한참 눈을 본 이후에 의사 선생님은 신기한 말을 했습니다. "망막박리가 일어난 흔적이 있습니다. 그런데 레이저 수술을 하셨지요?" 저는 의사 선생님의 말을 다시 확인했습니다. 그리고 지금까지 있었던 일을 소상하게 말했습니다. 지난주에 비문증과 광시증이 동시에 일어났고, 오늘 망막박리가 일어났는지 확인하기 위해서 왔다고…. 의사 선생님은 "오래전에 망막박리가 일어났고, 레이저 수술을 한 흔적이 있습니다"라고 다시 말했습니다. 저는 제 귀를 의심하면서도, 무슨 일인가가 일어났다는 사실을 알았습니다.

의사 선생님은 비문증과 광시증은 나이가 들어 눈이 노화되면 일어나는 현상이라고 말했습니다. 그리고 또다시 망막박리가 되었는데 레이저 수술을 한 흔적이 있다고 했습니다. 저는 결코 레이저 수술을 한 적이 없다고 말했습니다. 그리고 속으로 주님께서 치료해 주셨다고 생각했습니다.

아내와 버스를 타고 집으로 돌아오면서, 모든 이야기를 나누며 함께 하나님께 감사했습니다. 그런데 이러한 사실을 지인들과 친인척들에게 나누자, 주변에서 오진 가능성이 있으니, 종합병원에 꼭 가보라고 했습니다. 제 마음은 편안했지만, 주변의 권고가 계속되었습니다. 결국 강남 세브란스에 전화를 하여 4주 이후에 어렵게 예약을 잡고, JC빛 소망안과에서 진단서를 발급받았습니다.

예약된 날짜에 강남 세브란스 병원에 검사를 받으러 갔습니다. 세브란스 병원에서도 다시 비문증과 광시증, 그리고 망막박리에 대한 정밀 검사를 받았습니다. 그런데 세브란스 병원의 의사 선생님의 소견도 망막박리가 일어났다는 것입니다. 그런데 다시 붙었다고 했습니다. 그래서 저는 의사 선생님에게 물어보았습니다. "이런 경우가 흔한가요?" 물론 흔하지는 않다고 했습니다.

병실을 나오면서, 그간 있었던 일들을 생각하며 하나님께 감사했습니다. 한 달여 기간에 있었던 것을 정리해 봅니다.

저의 눈에서 일어난 망막박리를 하나님의 손으로 만져 주셨습니다. 하나님께서 레이저로 수술하듯 치료해 주셨습니다. 제가 한 것은 아무것도 없습니다. 두 명의 의사가 한 것도 없습니다. 단지 검사만 했을 뿐입니다. 주님께서 모든 것을 다 하셨습니다. 주님께 감사를 드립니다.

요한복음 9장의 한 맹인 이야기가 생각이 났습니다.

"예수께서 길을 가실 때에 날 때부터 맹인 된 사람을 보신지라 제자들이 물어 이르되 랍비여 이 사람이 맹인으로 난 것이 누구의 죄로 인함이니이까 자기니이까 그의 부모니이까 예수께서 대답하시되 이 사람이나 그 부모의 죄로 인한 것이 아니라 그에게서 하나님이 하시는 일을 나타내고자 하심이라 … 이 말씀을 하시고 땅에 침을 뱉어 진흙을 이겨 그의 눈에 바르시고 이르시되 실로암 못에 가서 씻으라 하시니 (실로암은 번역하면 보냄을 받았다는 뜻이라) 이에 가서 씻고 밝은 눈으로 왔더라 이웃 사람들과 전에 그가 걸인인 것을 보았던 사람들이 이르되 이는 앉아서 구걸하던 자가 아니냐"(요 9:1-3, 6-8).

"예수께서 그들이 그 사람을 쫓아냈다 하는 말을 들으셨더니 그를 만나사 이르시되 네가 인자를 믿느냐 대답하여 이르되 주여 그가 누구시오니이까 내가 믿고자 하나이다 예수께서 이르시되 네가 그를 보았거니와 지금 너와 말하는 자가 그이니라 이르되 주여 내가 믿나이다 하고 절하는지라 예수께서 이르시되 내가 심판하러 이 세상에 왔으니 보지 못하는 자들은 보게 하고 보는 자들은 맹인이 되게 하려 함이라 하시니 바리새인 중에 예수와 함께 있던 자들이 이 말씀을 듣고 이르되 우리도 맹인인가 예수께서 이르시되 너희가 맹인이 되었더라면 죄가 없으려니와 본다고 하니 너희 죄가 그대로 있느니라" (요 9:35-41).

주님! 저의 눈을 치료해 주셔서 감사합니다. 주님! 저의 눈을 고쳐 주셔서, 주님만을 바라보며, 주님만을 따라가게 하소서! 주님은 저와 늘 함께 계십니다. 주님을 사랑합니다. 하나님을 찬양합니다. 예수님의 이름으로 기도합니다.

만남의 축복
전진옥 비트컴퓨터 대표

하나님께서는 저를 긍휼히 여겨 주셔서
많은 만남의 축복을 허락해 주셨습니다.
세상과 타협하지 않고 오직 하늘만 바라보고
살아가는 믿음의 형제들과의 교제는
어려울 때 큰 힘이 되었고,
낙심할 때 큰 용기를 주었습니다.
영적으로 서로 권면하고 함께 기도함으로
오랫동안 사명을 감당할 수 있게 해주었습니다.

저는 신앙의 가정에서 태어나 모태신앙으로 자랐습니다. 기억 속에 초등학교, 중학교 방학이 되면 어머니 손에 이끌려 기도원에 갔습니다. 그곳에서 간절한 기도를 통해 방언이 터지고, 병 고침을 받고, 기적적으로 문제가 해결되는 것을 보기도 하고 간증도 들었습니다. 감수성이 예민한 시절에 '내게는 왜 이런 기적이 일어나지 않을까?' 생각하면서, 나도 이런 기적을 보게 해달라고 간절히 기도했습니다. 뒤돌아보면 하나님께서는 이러한 저의 간절한 기도에 응답해 주셔서, 많은 만남의 축복을 통해 변화시켜 주시고 깨우쳐 주셨습니다.

수많은 만남의 축복들 가운데 몇 가지를 소개하고자 합니다. 저는 어렸을 때 건강이 좋지 않아 병원 신세를 많이 지고 자랐습니다. 저를 잘 아는 친척분들은 잦은 병치레로 제대로 자라지 못할 것이라고 걱정하셨습니다. 정신적으로도 유약했던 것 같습니다. 초중고 시절 비교적 모범생이었고 성실했으나, 걱정도 많고 극도의 긴장감이 생기면 페이스를 유지할 수 없는 소심한 성격이었습니다. 대학 입시에서도 원하는 대학에 진학하지 못했고, 대학 때는 고시 공부를 하다가 중도에 그만두고 해군에 입대하려고 했으나 고도 난시로 그것마저 안 되는 실패와 좌절의 연속이었습니다. 그러던 중 대학을 졸업하고 취업과 유학 사이에서 진로를 고민하고 있을 때, 절친한 친구의 말 한마디가 제 삶을 변화시켰습니다.

고등학교 시절 절친한 친구가 있었습니다. 이 친구는 현재 미국에서 사업을 하며 LA 교회의 장로님으로 섬기고 있습니다. 그 당시 공부도 과외도 같이하고, 운동도 같이하며 대부분의 시간을 함께 보낸 절친한 친구였습니다. 고등학교 졸업 후에는 서로 다른 대학에 진학했지만 대학로를 아지트로 서로 어울리고 많은 것을 함께했습니다. 저는 1977년에 대학에 입학했는데 당시는 정치적으로, 사회적으로 매우 혼란한 시절이었습니다. 특히나 대학교 3학년 때인 1979년에는 박정희 대통령 시해 사건으로 계엄령이 선포되고 학교에는 휴교령이 내려졌습니다. 저는 대학 3학년을 마치고 그다음 해에 휴학을 하고 군에 입대하게 되었습니다. 그러고는 그 친구와 오랫동안 헤어져 있다가 제대 후 졸업을 앞두고 진로를 고민하던 때에 다시 만난 것으로 기억합니다.

나중에 안 이야기지만 이 친구는 군에 입대하기 위해 신체 검사를 받았는데 당시 지병이 있어 군을 면제받고 투병 생활을 하는 가운데 대학 친구의 전도로 하나님을 믿고 완전히 변화되었다고 합니다. 다시 만난 친구는 제게 이런 말을 했습니다. "나는 네가 가장 친한 친구라고 생각했는데 너는 왜 나에게 그렇게 소중한 복음을 전해 주지 않았냐?" 저는 쇠망치로 머리를 맞은 기분이었습니다. '나는 왜 내 자신에게 당당하지 못할까? 왜 내 믿음에 대한 확신이 없을까?' 제 자신이 얼마나 부끄럽고 또 초라했는지 모릅니다.

이 말 한마디는 저의 신앙 그리고 삶을 바꿔 놓았습니다. 유약한 마음도, 소극적인 자세도, 연약한 의지력도 변화시키는 큰 도전을 주었습니다. 이후에 저는 이 친구가 유학 간 미국의 대학원으로 유학을 가서 컴퓨터로 전공을 바꾸고 정말 밤낮없이 공부했습니다. 하나님께서 어려운 유학 시절 가운데 건강도 주시고, 제게 생소했던 컴퓨터 분야의 깨우침도 주셔서 공부를 무사히 마칠 수 있었습니다.

하나님께서는 저를 긍휼히 여겨 주셔서 유학 시절과 한국에 돌아와서 시작한 사회생활에서 많은 만남의 축복을 허락해 주셨고, 이는 저의 영적 성장에 큰 도전과 의지가 되었습니다. 유학 시절 바이블 스터디에서 만난 유학생들, 귀국 후 연구소 신우회를 통해 만난 사람들, 또한 2000년 비트컴퓨터로 이직하고 2005년 CEO가 된 후 창립 멤버들과 시작한 IT 분야 크리스천 모임인 솔리데오를 통해 만남의 큰 축복을 경험했습니다. "서두르지 않고, 쉬지도 않으며 돌아가더라도 바르게 가는 솔리데오"의 표어처럼 세상과 타협하지 않고 오직 하늘만 바라보고 살아가는 믿음의 형제들과의 교제는 어려울 때 큰 힘이 되었고, 낙심할 때 큰 용기를 주었습니다. 영적으로 서로 권면하고 함께 기도함으로 오랫동안 사명을 감당할 수 있게 해주었습니다.

지금까지 살아온 삶을 뒤돌아보면 나의 나 된 것은 모두 하나님의 은혜임을 깨닫습니다. 어린 시절 그 간절한 기도에 응답해 주셔서 때에 따라 만남의 축복을 통해 인도해 주시고 이끌어 주신 그 크신 은혜에 감사드립니다.

나 같은 죄인 살리신 예수님

정용관 아이뱅크 대표이사

그러나 주님을 알면 알수록, 신앙이 깊어지면
깊어질수록 저는 위선자이고 매일 같은 죄를 짓는
어쩔 수 없는 죄인임을 고백하게 됩니다.
어쩌면 죽는 날까지 이 죄에서 자유하지
못할 수도 있겠다는 생각이 듭니다.
나 같은 죄인을 사랑하시는 주님께 그저
감사밖에는 드릴 것이 없는 아무것도 아닌 나.
정말 주 안에서 자유하고 싶습니다.
주님만이 전부이고 주님만이 나의 사랑이라고
고백하고 싶습니다.

1967년 4월, 강원도 영월 마차리라는 작은 탄광촌에서 태어났지만 저의 세상에서의 첫 기억은 서대문 어느 단칸방, 흐릿한 몇 컷의 기억과 수많은 인파와 함께 어머니 손에 의지하여 교회 계단을 내려가던 모습입니다. 지금 생각해 보면 새문안교회가 아니었나 싶습니다.
　어머니, 아버지, 오랜만에 떠올려 보는 나의 부모님. 하루 24시간이 모자랄 정도로 열심히 사시면서도 새벽예배, 철야예배를 정말 밥 먹듯이 드리셨던 부모님. 매일 저녁 우리 4남매를 재우시고 그 추운 겨울에도 총총걸음으로 집을 나섰다가 새벽이 돼서야 귀가하셨고, 와서도 자고 있는 우리 머리를 쓰다듬으며 눈물로 기도를 올리셨던 나의 부모님. 모든 것이 부족하고 어려웠던 시절이지만, 적어도 제 눈에 비친 부모님은 격동의 세월 속에서도 세상과 구별되게 사시려 부단히도 노력하셨던 분들입니다.

그럼에도 우리 4남매, 참 개성 강하고, 지독히도 부모님 속 썩히며 자기 잘난 맛에 사는 사람들이었습니다. 이제는 늙고 병들고 의지할 곳 없어, 결국 주님 영접하고 주님을 신랑 삼아 사는 것을 보면 피식 웃음이 나기도 하지만 이 역시 부모님의 기도 덕분이고 주님의 크신 은혜가 아닐 수 없습니다. 이런 부모 밑에서 자란 저이지만, 제 삶은 불신자보다 더 불경스러울 때가 많았고, 자랑할 것 하나 없는 정말 기억하고 싶지 않을 정도로 형편없는 삶을 살았습니다.

물론 그런 저의 삶에도 변곡점은 있었습니다. 분명 제게도 변화가 있었고, 회개의 시간도 있었습니다. 주님이 주시는 값 없는 은혜에 감격하고 감사하고 다짐도 했었습니다. 그렇지만 지금 여기에 서 있는 '나'를 보면 뭔가 잘못됐다는 생각이 듭니다. 너무나 쉽게 크리스천이라고, 때론 주님의 '종'이라고 외치는 나이지만, 결코 나 자신을 다 드리지 못하는, 아니 하나도 온전히 드린 적 없는 나입니다. 그동안 주님을 위해 드린 것이 무엇인지 생각해 봅니다. 시간? 물질? 주님이 요구하신 적도 없고, 원하시지도 않을 냄새 나고 부패한 헌신? 어쩌면 전심으로 여쭙지도 않고 '주님을 위해서'라고 떠벌리며 '척'하는 위선자였을지도 모릅니다. '나에게 정말 고백이란 게 있는 걸까? 내가 온전히 주님을 만난 적이 있나? 나는 정말 주님의 자녀인가?' 이런 자조적인 질문에 그저 당황스럽고 얼굴이 화끈

거립니다. 어디서부터 무엇이 잘못되었을까요? 제가 믿고 있는 것은 무엇이며, 제가 원하는 것은 정말 무엇일까요? 세상과 더불어 두 주인을 섬기며 사는 것은 아닐까요? 아니, 주님보다는 세상을 더 섬기며 살아가는 저를 보게 됩니다. 주님, 이 죄인 어찌하면 좋겠습니까?

그렇게 세상적으로 살면서, 세상에서 위로와 인정을 받으려고 버둥거리며 하루하루 보내던 제게 어느 날, "친구야, 놀러와~ 나 이렇게 살아~" 하며 자랑할 거리가 하나 생기게 되었습니다. 멋진 차이니스 레스토랑의 주인이 된 것입니다. IT 회사를 운영하며 전문가 냄새도 좀 풍기고, 한편으로는 그럴싸한 고급 식당 주인으로서 지인들을 초대하여 식사와 술을 대접하며 여유 있는 모습을 보여 주고 싶었나 봅니다. 그리고 식당을 운영하며 발생되는 수입은 별도. 하지만 식당 운영은 생각과 다르게 빠르게 악화되었고, 마침내 더 운영할 수도, 되돌릴 수도 없는 답 없는 상황으로 빠져들며 시간은 점점 저를 더 옥죄어갔습니다. 아침에 회사로 출근했다가 바로 식당으로 넘어가 점심 손님을 받고, 또 한 시간을 운전하여 회사로 왔다가 다시 식당으로 가서 저녁 손님을 받고 마무리하는 삶에 육체도 정신도 지쳐만 갔습니다. 시간에 쫓기고 체력도 바닥났으며 특히 금전적 손해는 심각하게 저를 압박하여 심리적 위축을 주기에 충분했습니다. 작은 이견에도 증폭되는 와이프와의 갈등, 그나마 주일 오전이 저에게 주어지는 유일한 작은 휴식이었습니다.

    식당 출근 전 드리는 9시 예배, 찬양의 가사가 제 깊은 내면에 꽁꽁 숨겨놓은 것을 어쩌면 그렇게도 아프게 꺼내어 내던지…. 저절로 터지는 눈물, 참회의 기도, 뜻 모를 감사, 한참을 울다가 주어지는 평안함, 그 따스함은 무엇으로도 비교가 될 수 있는 것이 아니었습니다. 주일뿐 아니라 부흥회까지 찾아다니며 주님의 위로를 구하던 중, 어떤 집회를 마치고 자리를 정리하고 있을 때 섬기는 교회 부목사님에게서 찬양인도를 요청받았습니다. "저, 잠시만요, 정 집사님, 혹시 2부 예배 찬양인도 저와 함께하시겠어요?" "제가요? 목사님, 죄송합니다. 저는 정말 노래를 못합니다." 단칼에 거절하고 집으로 왔는데, 잠시 집에 와 계시던 어머니께서 하시는 말씀이 순간 제 머리를 강타했습니다. "참 하나님은 이상하시다. 너 같은 음치의 찬양도 받고 싶어 하시니 말이야."

    '맞다, 내가 누구를 위해 찬양을 한다 만다 한 건가?' 그런 생각이 스쳐가자 곧바로 집을 나와 교회로 향했습니다. 예배당을 정리하시던 부목사님은 아직 그 자리에 계셨습니다. "목사님, 사실 제가 노래를 잘 못합니다. 그리고 찬양은 더더욱 잘 모릅니다. 목사님께서 미리 악보를 주시면 제가 열심히 연습해서 한번 해보겠습니다. 저에게 악보 한 달 치를 먼저 주세요." 찬양을 USB에 저장하고 집이며 회사며 특히 차 안에서 수십 번을 들으면서 가사에 감동하여 울고 웃으며 찬양연습을 할 수 있었습니다.

　그렇게 찬양을 통해 주님께 다가가던 10여 년 동안 저의 삶은 변하기 시작했습니다. 서서히 만나는 사람들이 바뀌고 늘 하던 일에 변화가 생기기 시작했습니다. 저녁 만남이 줄어들고 오히려 주일이 바빠지기 시작했습니다. 교회에 지인들이 하나 둘 생겨나면서 교제가 즐거워지고 찬양뿐 아니라 교사와 사역으로 지경이 넓어졌습니다. 주일이 즐겁고 기다려졌습니다. 청년부 부장집사로 부목사님을 도와 청년들에게 영감을 주는 일이 왜 그렇게 행복한지. 딸아이 기도보다도 청년들을 위한 기도가 더 진심일 때도 있었으니 이 얼마나 큰 변화입니까?

　그러나 주님을 알면 알수록, 신앙이 깊어지면 깊어질수록 저는 위선자이고 매일 같은 죄를 짓는 어쩔 수 없는 죄인임을 고백하게 됩니다. 어쩌면 죽는 날까지 이 죄에서 자유하지 못할 수도 있겠다는 생각이 듭니다. 나 같은 죄인을 사랑하시는 주님께 그저 감사밖에는 드릴 것이 없는 아무것도 아닌 나. 정말 주 안에서 자유하고 싶습니다. 주님만이 전부이고 주님만이 나의 사랑이라고 고백하고 싶습니다.

　차마 글로 남길 수 없는 나만이 알고 있는 나의 죄. 감히 용서를 구할 수도 없고 구해서도 안 되는 죄 많은 나. 나의 죄를 철저히 까발릴 만한 용기도 없는 나. 온전히 주님께 다가가기에는 너무 더럽고 추한 나. 거짓과 위선의 나. 이런 나를 주님은 용서해 주실까요? 이런 나도 주님의 백성이 될 수 있을까요? 그런데 주님은 이런 나를 사랑하신다고 합니다. 주님은 나를 불쌍히 여기시고 지금 이 순간에도 내 이름을 부르시며 "사랑한다. 내 아들아~" 하고 눈물을 흘리고 계신 듯합니다. "너의 죄가 어떻든 너를 용서한다"라고 하십니다. "너는 나의 피 값으로 산 나의 자녀다"라고 말씀하시는 것 같습니다. "내가 너를 위해 너의 모든 죄를 대속하셨다"라고 하십니다.

주님, 저는 죄인입니다. 저는 씻을 수 없는 죄를 지은 죄인입니다. 이 죄인, 어떻게 주님의 은혜에 보답할 수 있습니까? 주님, 저를 용서하시고 받아 주옵소서.

주님이 저를 안아 주십니다. 너무나 평안하게.

이 거룩하지 못한 죄인이 주님을 만날 수 있을까요? 주님의 음성을 들을 수 있을까요? 주님을 마주할 수는 없어도 좀 더 주님을 느끼고 더 가까이 가고 싶습니다. 더 성찰하고 더 주님의 뜻을 헤아리며 더 나를 꾸짖어 주님께 다가가고 싶습니다. 주님을 만나고 싶습니다. 주님을 온전히 경험하여 용서받고 완전히 자유하고 싶습니다. 주위의 많은 사람들이 만난 주님을 저도 만나고 싶습니다.

주님, 저도 주님을 사랑합니다. 주님이 아십니다.

신앙의 유산으로 만난 하나님

정철영 한국소프트웨어아이엔씨 대표이사

저는 한없이 부족하고 연약하지만
어머니의 기도와 신앙의 유산 덕분에
하나님을 알게 되고 하나님의 자녀가
된 것에 무한감사를 드립니다.
회사를 설립하고 경영하면서
늘 외롭고 힘들 때마다 나는 혼자라고
생각했는데, 하나님을 만나고부터는
늘 삶 속에서 동행하시는 하나님이 계셔서
든든하다는 생각이 듭니다.

저는 충북 영동 종가댁 신앙의 가정에서 4남매 중 막내로 태어나 모태신앙으로 자랐습니다. 할머니, 어머니에 이어 3대째 믿음의 가정이다 보니 기억 속의 유년 시절에는 어머니 손 잡고 주일학교에 다녔고, 중학교 때는 누나가 중등부 교사로 있어서 관리를 받고 자랐습니다. 아버님은 큰 어물 도가를 경영하셨는데 제가 중학교 2학년 때 간경화로 돌아가셨습니다. 어머님은 혼자서 저희 4남매를 키우기 위해 열심히 보험회사에 다니셨고 생활력도 강한 분이셨습니다. 어린 마음에 저는 빨리 돈을 벌어서 어머님을 호강시켜 드려야겠다는 생각을 했고, 중3 담임선생님의 영향으로 이리시에 위치한 국립 기계공고에 입학하게 되었습니다. 졸업과 동시에 대기업에 취업해 속옷을 사서 첫 월급을 드렸을 때 기뻐하시던 어머님 모습이 지금도 눈에 선합니다.

그러나 고졸이라는 한계와 적성에 맞지 않는 회사 생활로 1년 만에 사직하고 대학교에 진학하게 되었습니다. 80년도의 대학 생활은 탱크가 정문을 막고 있어 학교에는 등교하지 못하고 리포트만 제출해야 했습니다. 2학년 때까지 철없이 친구들과 어울려 데모하면서 독재 타도를 외치며 스크럼을 짜고 한강 인도교를 지나 서울역으로 갔던 기억들이 떠오릅니다. 3학년을 앞두고 군복무를 고민하던 중, 이왕이면 장교로 가서 리더십을 배워야겠다고 생각해서 ROTC를 지원했습니다. 4학년 졸업과 동시에 육군 소위로 임관하여 최전방 동부전선에서 배치되어 1986년에 무사히 군복무를 마쳤습니다. 참고로 저희 사단에는 130여 명의 초급장교가 배치되어, 2년 후 만기 전역한 동기생 중 약 10% 정도가 여러 가지 안전사고로 유명을 달리했습니다.

고등학교 때부터 가족과 떨어져 객지 생활을 하면서 세상이 주는 즐거움에 취해 자유분방한 생활을 했고, 자유로운 대학 시절과 청년 시절을 보내면서 하나님과 잠시 멀어졌습니다. 그러나 저의 마음속에서는 늘 하나님을 향한 갈망의 마음이 남아 있었고, 빨리 결혼을 해서 가정을 꾸려야 신앙생활도 안정을 되찾을 거라고 생각했습니다. 어머님께서는 1년 365일 새벽기도를 거의 하루도 빠지지 않고 자식의 앞날을 위해 기도하셨습니다. 지금도 기억에 남는 어머니의 기도 제목은 "자식들이 믿음의 가정을 이루게 해주소서. 직장에서 머리가 될

지언정 꼬리가 되지 말게 해주소서"였습니다. 매일 기도하던 어머니의 기도 소리가 지금도 귓가에 쟁쟁하게 울립니다. 지금은 어머님 기도 덕분에 대학 시절에 만난 지금의 아내와 함께 36년째 신앙생활을 하며 믿음의 가정을 꾸려가고 있습니다. 아내는 처음에는 하나님을 믿지 않았지만 저를 만나 구세군교회에서 처음으로 주님을 영접하게 되었고 그 후 장인, 장모님도 주님을 영접하게 되었습니다.

나를 지으신 이가 하나님, 나를 부르신 이가 하나님,
나를 보내신 이도 하나님, 나의 나 된 것은 다 하나님 은혜라.
나의 달려갈 길 다가도록 나의 마지막 호흡 다 하도록
나로 그 십자가 품게 하시니 나의 나 된 것은 다 하나님 은혜라.
한량없는 은혜 갚을 길 없는 은혜, 내 삶을 에워싸는
하나님의 은혜,
나 주저함 없이 그 땅을 밟음도 나를 붙드시는 하나님의 은혜.

요즈음 아침에 일어나면 이 은혜의 찬양이 콧노래처럼 절로 나옵니다. 그렇습니다. 뒤돌아보면 제가 지금까지 살아온 모든 삶이 다 하나님의 은혜였습니다.

고2 때 겪은 이리역 폭발 사고에서 살아남고 최전방사단에서 무사히 군 복무를 마친 것도 모두 하나님의 은혜요, 15년간 직장생활을 잘 마치고 불혹의 나이에 SW 개발업체를 창업해서 지금까지 망하지 않고 중소기업을 운영하고 있는 것도 모두 하나님의 은혜요, 어머니의 기도 덕분임을 다시 한번 고백하며 하나님께 감사를 드립니다.

저는 2000년 11월에 IT 개발업체를 창업했고, 2009년에는 IT 교육법인을 설립했습니다. 회사를 경영하면서 즐겁고 행복한 일도 많았지만 어렵고 힘들었던 기억도 많았던 것 같습니다. 한번은 운영자금 부족과 핵심 직원의 이직으로 회사가 힘들어지면서 죽음의 계곡(Death Valley)을 지날 때가 있었습니다. 이 난국을 헤쳐 나가기 위해 나의 힘을 총동원해서 해결하려고 해보았지만, 점점 더 깊은 수렁으로 빠져들면서 내 힘으로는 더 이상 방법이 없다는 판단이 들었습니다. 그리고 옛 직장에서 돌아오라는 요청도 있었습니다. '회사를 그만 접고 편하고 안정된 정부공공기관인 옛 직장으로 다시 돌아갈까? 그러면 지금 사업하면서 빌린 빚은 어떻게 갚지?' 어떤 결정을 내려야 할지 몰라서 고민하던 중에 문득 "새벽에 하나님이 도우시리로다"라는 성경 말씀과 "눈물로 기도하는 어머니가 있는 자녀는 결코 망하지 않는다"라는 어머님의 말씀이 생각났습니다.

용기를 내어 새벽기도를 드리기로 결심하고 매일 새벽 6시에 교회에 갔다가 회사로 출근했습니다. 제가 책임지고 있는 저희 가정과 회사에 딸린 직원들 가정까지 생각하니 그 부담감은 엄청났습니다. 하나님께 살려 달라고 간절히 매달리며 새벽기도 생활을 이어갔습니다. 모든 것을 포기하고 인내하고 기다렸더니 3개월이 지나갈 무렵 하나님께서는 새벽예배 때 사관님 설교말씀을 통해 응답을 주셨으며, 하나님의 방법으로 헤쳐 나갈 길을 열어 주셨습니다. 옛 직장은 정보통신노조가 장악해서 갈 수 없게 하셨고, 어려운 상황을 안 지인이 정상궤도에 오를 때까지 안 받아도 좋으니 흔쾌히 쓰라며 자금을 빌려 주게도 하셨습니다. 무보수로 일하겠다는 직원도 보내 주셨으며, 또 다른 새로운 비즈니스도 열어 주셨습니다. 지금 생각해 보니 그때가 가장 절실히 하나님께 매달리며 기도한 때였습니다.

하나님께서는 저를 긍휼히 여기시어 경영의 하나님으로 만나 주셨고, 문제를 차례차례 해결하며 저의 기도에 응답해 주셨습니다. 그때부터 저희 회사의 최고 경영자는 하나님이 되셨습니다. 이제는 어려운 일이 닥쳐도 두려움이 사라지고 걱정이 없어졌습니다. 왜냐하면 "여호와께서 너희를 위하여 싸우시리니 너희는 가만히 있을지니라"(출 14:14)라는 말씀을 믿고, 하나님께서 미리 피할 길을 열어 주실 것이라는 확신이 들었기 때문입니다.

이제는 회사에 크고 작은 일들이 생길 때마다 매일 이른 아침에 "선기후행"(먼저 기도한 후 행함)하며 하나님 결재를 받고 있습니다. 이렇게 변화된 저를 보고 제 아내는 초초 긍정적인 사람이라 놀리기도 합니다. 이런 긍정의 힘이 지금까지 회사를 버티게 한 힘의 원천이 된 것 같습니다.

제가 섬기는 교회는 구세군 부천교회입니다. "마음은 하나님께 손길은 이웃에게"라는 구세군 슬로건대로 매년 12월에는 부천북부 남부역 광장에서 구세군 자선냄비봉사를 하고 5월부터 10월까지는 역 주변 노숙자와 소외된 어르신들에게 도시락 봉사를 하고 있습니다. 구세군부천교회는 작은 교회입니다. 저는 34년째 청년부장, 교육정교, 선교정교로 섬기고 있습니다. 한때는 '내가 왜 여기에 있지? 큰 교회에서 신앙생활을 하면 더 많은 믿음의 동역자와 더 큰 비전을 갖고 봉사할 텐데'라고 생각한 적도 있었습니다. 그럴 때마다 어머님의 말씀이 저를 잡아 주셨습니다. "큰 교회는 네가 아니더라도 봉사할 사람이 많다. 너를 필요로 하는 작은 교회를 섬겨라." 어머님은 큰아들이 있는 구세군 아현교회와 제가 있는 구세군 부천교회에서 교대로 예배를 드리셨지만 십일조는 늘 작은 부천교회에 하셨습니다. 이런 어머님이 돌아가시고 나니 평상시에 어머니가 즐겨 읽으시던 성경 말씀과 찬송가가 저도 모르게 한동안 입에서 저절로 나왔습니다. "항상 기뻐하라 쉬지 말고 기도하라 범사에 감사하라 이것이 그리스도 예수 안에서 너희를 향하신 하나님의 뜻이니라"(살전 5:16)라는 성경 말씀과 "주 안에 있는 나에게 딴 근심 있으랴"라는 찬송가를 흥얼거리며 이게 신앙의 유산이 아닐까 하는 생각을 하게 됩니다.

아무것도 모르던 어린 시절에 모태신앙으로 만난 하나님,

청년 시절 어렴풋이 마음속에서만 간직하던 하나님, 이제 장년이 되어 비즈니스 속에서 직접 만난 경영의 하나님을 찬양합니다. 저는 한없이 부족하고 연약하지만 어머니의 기도와 신앙의 유산 덕분에 하나님을 알게 되고 하나님의 자녀가 된 것에 무한감사를 드립니다. 회사를 설립하고 경영하면서 늘 외롭고 힘들 때마다 나는 혼자라고 생각했는데, 하나님을 만나고부터는 늘 삶 속에서 동행하시는 하나님이 계셔서 든든하다는 생각이 듭니다.

이제 맡겨 주신 청지기의 사명을 잘 감당하여 하나님께는 영광을 돌리고, 이 사회에는 유익을 주는 소금 같은 기업이 되기를 간절히 기도합니다. 또한 황혼의 나그네 인생길에서 훌륭하신 솔리데오 대표님들을 만나게 하심에 감사드리며, 앞으로 남은 인생길 하나님을 경외하며 이웃을 사랑하며 우리 솔리데오 믿음의 동역자들과 함께 복음을 전하며 나아가기를 소망해 봅니다.

예수님의 두 팔 안에서

주기철 신안정보통신 대표

그 후 10년 동안 30개가 넘는 사업에서
롤러코스터처럼 부흥과 구조조정,
부흥과 쇠락을 지속적으로 경험하며
쉽지 않은 삶을 살게 되었습니다. 수많은
사건 사고와 음해 소송들의 연속이었고,
주님을 의지할 수밖에 없는 상황이었습니다.
하나님은 위기 중에서 만나와 메추라기를
기적적으로 공급해 주셨고, 자로 잰 듯
회사의 필요를 공급해 주셨습니다.

저는 2남 1녀 중 장남으로 태어나 모태신앙을 가지고 있었습니다. 어렸을 때는 부족함 없이 유복한 환경에서 살았고, 장남 장녀의 장손으로 태어나 누구보다 지지와 사랑을 많이 받았던 기억이 납니다.

평화롭고 행복했던 시간은 시간이 지날수록 많은 변화가 생겼습니다. 큰 주택에서 부족함 없이 살았던 삶에서 친인척의 인감 도용 사건으로 인해 하루아침에 오갈 데 없는 상황을 맞이하게 되었습니다. 또한 어머님께서 누님을 임신하던 중 건강상의 이유로 약을 복용하셨는데 그 약의 부작용으로 누님은 시간이 갈수록 지적 장애 증상을 보였습니다. 항상 정직하고 성실하셨던 부모님이 마주하게 된 삶의 그늘은 쉽게 넘을 수 없는 산처럼 느껴졌고, 그 상처로 어머니의 마음에는 큰 병이 생겼습니다.

장남으로서 저는 이미 초등학교 2~3학년 때 우리 가정을 병들게 한 친척분들에 대한 미움이 생겼고, 그 미움은 점점 더 커져 증오하는 마음으로 번지게 되었습니다. 그 죄의 씨앗으로 인해 마음에 큰 구멍이 생겨 스스로의 노력으로 아픔을 극복하려 애쓰곤 했습니다. 외할아버지의 재정적인 지원이 없었더라면 집도 없는 상태였고, 그 무너진 가정경제를 일으키느라 아버지, 어머니께서 주말도 없이 많은 대가 지불을 하셨습니다.

태어날 때부터 교회 생활을 했던 터라 하나님, 예수님, 성령님은 너무나도 마음속에 자연스럽게 자리 잡고 있었지만, 이러한 일들을 겪으면서 믿을 사람은 없고 사람들은 사랑해야 할 존재라기보다 믿어서는 절대 안 되는 존재라고 계속 다짐했습니다. 그리고 나의 지혜와 노력으로 이 모든 것을 완벽하게 극복하고, 세상에서 많은 돈을 벌어 우리 가족을 아프게 했던 그들에게 복수하려는 생각으로 열심히 공부했습니다.

그러한 미움과 어둠의 생각이 가득했음에도 불구하고 주님께서는 저를 사랑하셨는지 유년기 때는 꿈에서 아버지 옷을 입고 나타나셔서 집안일을 대신해 주셨습니다. 생각지도 못했던 상황이라 '왜 아버지의 일을 예수님께서 대신하실까?'라는 생각들이 들었지만, 잦은 출장으로 집을 많이 비우신 아버지의 빈자리를 '예수님 아버지'가 대신 채워 주심을 느끼는 시간이었습니다.

또 한 가지 기억나는 것은 초등학교 5학년 때 마음속에 증오와 원망이 가득하여 답답함으로 가슴이 터져버릴 것만 같았던 적이 있었습니다. 늘 그렇듯 교회에 나갔는데, 그날은 주일학교 선생님께서 죄를 회개하면 하나님께서 용서해 주신다는 말씀을 하셨습니다. 주변에서 아이들이 시끄럽게 떠들고 있었지만 주체할 수 없는 답답함에 회개기도를 하게 되었고, 눈을 감고 기도하는 순간 칠흑 같은 어둠 속에서 신음하는 예수님의 형상이 나타났습니다.

예수님은 고통으로 일그러진 모습으로 절망 속에 신음하며 저를 바라보셨습니다. 너무 충격적이라 말이 안 나오는 상황이었고 눈물만 앞을 가렸습니다. 인류의 모든 죄를 짊어지시고 무엇보다도 저의 죄 때문에 고통당하시는 주님의 모습을 바라보니 숨이 막힐 것 같았습니다. 단 한마디 말도 할 수 없어 "죄송해요", "잘못했어요", "용서해 주세요"라고 울면서 기도했습니다. 그러자 어둠 속에서 빛이 비치어 내 몸에 어둠의 찌꺼기들을 빨아 당기는 것 같았고, 그때 처음으로 '깨끗하게 되었다'는 느낌을 느꼈습니다. 5학년 남자들 사이에서 뜨거운 눈물이 흘러 도망치듯 옥상으로 올라갔던 기억이 생생합니다.

이후 캐나다에서 공부하면서 갔었던 단기선교가 저의 인생의 새로운 전환을 맞게 해주었습니다. 너무나도 많은 일들이 있었지만, 카자흐스탄 단기선교를 통해 하나님 나라에 대한 비전을 알게 되었고, 사도행전에서 나타났었던 기적들(병

고침, 귀신이 떠나감, 복음을 받아들였을 때 생기가 없었던 사람들이 살아남)을 직접 겪고 체험했습니다. 나의 인식과 경험을 뛰어넘은 하나님의 은혜와 기적을 맛보고 나니 이성적이고 합리적인 사고를 한다고 스스로 자부했던 마음은 무너지고 삶 자체가 내 중심에서 하나님 중심으로 바뀌게 되었습니다. 그때 밤새 외치며 하나님의 나라를 위해 쓰임 받는 사업가가 되고 싶다는 마음의 서원을 하게 되었습니다. 그리고 단기선교를 끝내고 만났던 아내와의 어려웠던 2년간의 교제를 끝내고 원래 계획했었던 캐나다, 미국의 삶을 마무리하고 한국으로 돌아왔습니다.

하나님의 뜻이 있음을 발견하고 한국으로 돌아왔지만, 저는 술도 못 마시고 예수님만 얘기하는 이상한 사람으로 비쳤었습니다. 아버지의 회사에 다녔지만 인생에서 처음으로 왕따 중에 왕따로 3년간의 시간을 보내게 됩니다. 그러나 하나님께서는 여리고성을 무너뜨리듯 프로젝트를 수주하게 하시고, 믿음의 동역자들을 불러 주셨으며, 함께 기도하며 회사를 바꾸도록 신우회와 믿음의 공동체를 만들게 하셨습니다.

집중적인 견제가 있음에도 불구하고 하나님의 손길이 더욱 강력하셨기에 어느덧 회사에 병들었었던 많은 문제점이 저를 통해 드러나게 되었고, 이로 인해 30대 초반에 햇병아리 같았던 제가 과장에서 이사로 승진하게 됩니다. 그리고 구조조정을 통해 기존에 예수님 믿는다고 억압했었던 사람들이 하나둘 못 버티고 나가는 일들이 생겼습니다.

 지금은 간단히 말씀드리지만, 하루하루 이판사판으로 살았습니다. 어차피 잃어버릴 것도 없다 생각하고 수많은 싸움을 했습니다. 많은 사람들이 제가 총괄이사가 되면 회사가 망할 것이라고 얘기했지만 하나님의 은혜로 다음 해 3배 넘는 매출을 기록하게 되었습니다. 그리고 수년간 믿음의 사람들과 함께 사업을 진행하며 어느덧 직원이 150명으로 늘게 되었고 법인도 늘어나 10개 정도를 운영하게 되었습니다. 하루 10번이 넘는 미팅을 진행하며 미친 사람처럼 일했습니다. 주님의 뜻이나 음성보다는 비즈니스 모델 사업성이 먼저였습니다.

 그 후 10년 동안 30개가 넘는 사업에서 롤러코스터처럼 부흥과 구조조정, 부흥과 쇠락을 지속적으로 경험하며 쉽지 않은 삶을 살게 되었습니다. 수많은 사건 사고와 음해 소송들의 연속이었고, 주님을 의지할 수밖에 없는 상황이었습니다. 하나님은 위기 중에서 만나와 메추라기를 기적적으로 공급해 주셨고, 자로 잰 듯 회사의 필요를 공급해 주셨습니다. 사업은 정보통신공사업에서 제조, IT, 에너지, 환경사업으로 확대되었고 주님은 더 많은 믿음의 동역자들이 모이게 해주셨습니다. 단 한 순간도 성공에 근접했다 생각한 적은 없었고, 그 시간을 통해 저 같은 괴수 중의 괴수인 죄인도 주님의 사랑으로 인치심을 받는다면 크고 크신 주님의 손길에 인도함을 받을 수밖에 없음을 깨닫게 해주셨습니다.

주님의 손은 짧지도 부족하지도 않습니다. 날마다 넘어지고 쓰러져도 보혈의 능력으로 쓰임 받는 깨끗한 주님의 자녀이고 싶습니다. 지금까지는 살아남기 위한 15년의 경영이었다면, 앞으로는 주님의 이름으로 정복하고 다스리는 권세와 능력의 삶이 되기를 소망합니다.

세미한 음성

차현배 제이씨현시스템 회장

제게 기도는 생명의 호흡과도 같습니다.
기도는 "~해 주십시오"라고 구하기만 하는
것이 아니었습니다. 기도는 하나님께
길을 묻고 답을 얻는 과정이었습니다.
"구하라 그리하면 너희에게 주실 것이요
찾으라 그리하면 찾아낼 것이요 문을
두드리라 그리하면 너희에게 열릴 것이니"
기도하는 과정 중에 답을 주실 것이며,
답을 찾게 하실 것이며, 두드리면 열릴 줄로
저는 믿습니다.

1983년, (주)선경(당시 종합무역상사, 현 SK 이노베이션)에서 근무하면서 앞으로 어떻게 살아가야 할지 고민하던 시절이었습니다. 선배들이 대체로 부장까지 하고 나가거나, 대기업의 별인 이사까지 하다가 나가거나, 극히 일부만 그 이상 조금 올라가다가 퇴직해 나가는 것을 보면서 나는 어떻게 살아가야 하나 고민이었습니다.

스티브 잡스가 1976년 8bit Apple I을 내놓을 때는 생소하기도 하고 그저 그런 기능이라 별로 반응이 없었습니다. 하지만 그다음 해 Apple II가 발표되고 그 효용성이 알려지면서 퍼스널 컴퓨터라는 새로운 시장이 미국에서 생겨나고, 국내에서는 1983년 삼보컴퓨터와 중소 업체들이 Apple II 호환 기종을 처음 출시하면서 개인용 컴퓨터 시장이 열리게 되었습니다.

직장에 계속 남아 있을 것인지 떠날 것인지 고민하다가 떠나기로 마음을 먹었지만, 과연 어떤 일을 할 것인지 고민스러웠습니다. 퇴직한 사람들은 대체로 자기가 했던 사업과 거래처들을 가지고 나가서 사업하는 경우가 대부분이었는데, 저는 그게 그렇게 좋아 보이지도 않았고 미래가 있다고 생각되지도 않았습니다.

누군가 하고 있는 제품과 시장보다는, 이제까지 아무도 안 했지만 앞으로 떠오를 이머징 마켓이 무엇인지 찾아보던 중, 삼보컴퓨터 직원들이 회사로 와서 수출 상담하는 것을 보고 기이한 물건이라 생각했습니다. 신기한 마음에 삼보컴퓨터는 비싸서 저렴한 세운상가 중소업체 제품을 사서 집에 있던 흑백 TV에 연결해서 사용해 보았습니다.

개인용 컴퓨터로 이것저것을 활용해 보면서 "구하라 그리하면 너희에게 주실 것이요"라는 말씀처럼 컴퓨터에 대한 지식을 찾던 중, 컴퓨터 서적을 번역해 출판하는 친구를 소개받아 안목을 넓힐 수 있었습니다. 주말이면 PFS(Personal filing system), 디베이스(dBase), 비지컬크(Visicalc)를 써 보면서 데이터베이스와 스프레드시트의 기능을 알게 되었고, 새로운 세상을 발견하는 큰 기쁨을 느낄 수 있었습니다. 신기하고 놀라웠습니다. 월급을 타면 주변 기기들을 하나하나 사기 시작했습니다. (제 기억으로는 10MB HDD가 1,000,000원이었던 것 같습니다.)

어느 날 나이키의 한국 총대리점이었던 (주)화승의 영업 본부장으로 있던 친구와 저녁을 먹었습니다. 그 친구의 고민은 다음 계절의 상품기획을 6개월 전에 해야 하는데, 현재와 미래에 전개될 시장 트렌드를 빨리 알 수 없다는 것이었습니다. 이달 말의 컬러별, 모델별 판매 현황을 한두 달이 지나서야 볼 수 있다는 것이었습니다. 저는 데이터베이스를 떠올리며 그런 일은 바로 다음 날 볼 수 있다고 말했고, 그것이 사업 시작의 동기가 되었습니다.

1984년 1월, 엄동설한 을지로입구의 선경빌딩 16층, 온실같이 따뜻한 사무실에서 창밖을 바라보았습니다. 왼편에는 서울신탁은행 본점이, 맞은편에는 롯데 백화점과 산업은행 본점이 있었고, 그 건너편에는 두산빌딩이 있었습니다. 고층빌딩 사이의 찬 바람은 매서웠습니다. 거리는 꽁꽁 얼어붙어 온실 밖으로 나오는 것이 참 두려웠습니다. 그러나 어쩌랴, 이미 결정한 일, 작은 사무실을 얻으러 다녔습니다.

시내에 있으면서 임대료 싼 작은 곳을 찾다 보니, 명륜동의 허름한 건물 2층에 사무실을 차리고 개발 직원들을 채용해 2월 14일 회사를 창업했습니다. 요즘같이 거리에 널려 있는 창업투자회사나 투자 기관이 없던 시절, 담보도 없는 갓 생긴 영세 소기업에 투자할 금융기관은 없었고, 퇴직금과 그동안 모아둔 약간의 돈이 사업 자금의 전부였습니다.

개발에 들어가 8월쯤 테스트할 정도의 제품이 나와 한여름 나이키 대리점 여러 곳에 영업을 다녔습니다. 서울 시내에는 120곳의 대리점이 있었고 지방으로 확산하면 상당히 큰 규모의 시장이 되겠다 싶었습니다. 나이키 대리점에 공급을 성공시킨다면 동종 업종인 아디다스, 프로스펙스, 월드컵 등 시장은 무궁할 것이라는 장밋빛 희망에 부풀어 있었습니다.

자기 점포 내의 전체 재고 금액이 얼마인지도 모르고 어떤 모델이 있는지도 모르는 대리점 사장들에게 점포 내의 전체 재고 금액과 모델별 보유 재고, 상품 수량뿐만 아니라 일별 판매 현황, 기간별 모델별 판매 현황과 점포의 월별 손익계산서까지 뽑아 주니 참 좋다고 이런 것까지 되느냐고 이구동성으로 신기해했습니다. 세무서에서 이것을 알면 큰일 나겠다고 농담도 했습니다. 그러나 사주지는 않았습니다.

연말이 닥치도록 한 대도 못 팔았습니다. 나이키 총대리점에 찾아가 대리점에서 월말에 5.25인치 디스켓 한 장을 보내 주면 본부에서 그것을 다 읽어 들여 익월 1일에 그렇게도 알고 싶었던 판매 현황을 바로 볼 수 있다고 시연을 보여 주니, 나이키 총판은 이 시스템을 도입하면 참 좋겠다며 우선 3군데 대리점을 소개해 주었습니다. 3곳의 대리점에 제품을 공급하고 이제 길이 열리나 하고 기대에 차 있었는데, 이들은 대금 결제도 안 해주고 사용도 전혀 안 하고 있었습니다.

그 3업체를 찾아가 왜 사용을 안 하는지 확인해 보니, 고장 날까 봐 겁나서 먼지 들어간다고 커버로 씌워 놓고 있었습니다. 저는 퇴근 후 저녁마다 찾아가서, 고장 날 일도 없고 고장 나면 우리가 수리해 준다고 설득하면서 사용법을 가르쳐 주었습니다. 그러나 그때뿐, 도무지 사용하지 않았습니다. 이분들이 잘 사용해서 그 유용함을 느끼고 다른 대리점에도 참 편하고 좋다고 입소문을 내주어야 판매가 확장될 텐데, 이 사장님들부터 안 쓰니 벽에 부딪히고 말았습니다.

총대리점에서도 대리점주들에게 강요하는 일에는 한계가 있어 더 이상은 어쩔 수 없었습니다. 사업 개시 1년 동안 수입도 없어 사업 자금은 바닥이 났고 이제 양단간에 선택해야 했습니다. 다시 취직을 하거나 다시 한번 다르게 도전해 보거나. 아직 어린 자식은 어떻게 할 것이며, 근심과 걱정의 날이 지속될 때, 간간이 마누라 따라다녔던 동네 교회에서 새벽 기도를 시작했습니다. 전에는 이성적으로만 판단하며 형식적으로 다니던 교회가 이제 코너에 몰리니 울고 하소연할 수 있는 도피처가 되었습니다.

"하나님, 어떻게 하면 좋을까요? 취직을 해야 할까요? 취직한다면 어떤 회사에 취직할 수 있을까요? 아니면 다시 한번 사업을 시작해야 할까요?" 좋은 길을 열어 달라고 많은 기도를 했지만, 몇 날 며칠을 기도해도 달라지는 것은 아무것도 없었습니다. 오직 답답하고 자신이 한심하다는 생각뿐이었습니다.

그런데 어느 날 새벽, "네가 이제까지 어떤 일을 해왔느냐?"라는 세미한 음성이 들리는 것 같았습니다. "종합상사에서 무역 업무를 했습니다." "그러면 네가 잘 아는 일을 해야지 왜 신발과 가방 파는 가게들을 돌아다니느냐?" 그렇습니다.

제가 잘 아는 분야는 무역 업무인데, 지금까지 1년 동안 무슨 일을 했던 것인지 돌아보게 되었습니다. 지금이야 나이키 대리점들은 물론 아무리 작은 소기업일지라도 모두 컴퓨터 시스템을 갖추고 실시간으로 재고 파악, 주문 등의 모든 일을 온라인으로 하겠지만, 그 시절에는 정부 기관이나 초거대기업, 대학교 전산실에서나 사용했던 대형 컴퓨터만 있던 시절이었기에 타깃 마켓을 잘못 잡아도 한참을 잘못 잡은 것이었습니다. 오죽했으면 전산을 전공하고 한전 전산실에 근무했던 막내 처남도 그런 장난감 가지고 뭘 한다고 회사 사표를 내냐고 제게 아우성을 칠 정도였습니다.

다음 날부터는 기도 제목이 달라졌습니다. 이제 어떤 길을 갈 것인지를 위한 기도가 아니고, 무역 업무 분야에서 제가 할 수 있는 것이 무엇인지 묻는 기도가 되었습니다. 하나님께서는 바잉 오피스(Buying Office)를 떠올리게 하셨고, 그 바잉 오피스가 대체로 어떤 일을 하고 있는지 생각하게 되었습니다. 당시 바잉 오피스는 최고 수준의 인재들이 근무했습니다. 그들은 유창한 영어와 세련된 무역 업무로 당대 최고 수준의 연봉을 받았습니다. 그 회사들의 미국 본사에는 이미 대형 컴퓨터가 들어와 있어, 컴퓨터가 어떤 일을 하고 그 위력이 어떻다는 것을 이미 알고 있었습니다. 컴퓨터와 소프트웨어의 이해력도 빨라 나이키 대리점 사장님들의 인식하고는 하늘과 땅만큼의 차이가 있었습니다.

무역 업무에서 필요한 데이터들을 디베이스 II에 집어넣고 화주(shipper)별, 바이어(buyer)별, 모델별, 아이템별, 컬러별, ETD, ETA, 포워딩업체(forwarder)별 필요한 모든 데이터를 인덱싱해 주는 예시를 만들어 당시 미국에서 가장 큰 백화점이었던 시어스 로벅 한국 지사를 찾아갔습니다.

1985년 한국은 지금의 중국과 마찬가지로 세계의 공장이었습니다. 시골 농촌 우리의 엄마, 누나들의 머리를 잘라 가발을 만들어 파는 것부터 시작해 섬유, 의류, 신발, 가전제품 등 전 세계에 필요한 경공업 제품들은 한국에서 제조하여 세계 시장으로 수출했고, 정부도 수출입국이라는 기치로 종합상사를 앞세워 수출 금융을 제공하며 수출을 크게 장려하고 있었습니다.

바잉 오피스에는 대체로 여직원들이 많았습니다. 그들은 직접 타자기를 치면서 반복적이고 지루한 서류 작업을 해야 했고, 팩스도 없을 때여서 텔렉스(Telex)로 송부하던 시절이었습니다. 그들이 필요한 데이터를 집어넣도록 입력창을 만들고, 출력 양식을 뽑아내 주는 프로그램을 디베이스 II로 만들어 주니 번거로운 수작업에서 벗어나게 되어 직원들은 대만족이었습니다. 한국 지사장은 가격은 안 깎을 테니 서비스를 잘해 달라고 주문했습니다.

때마침 8bit Apple II PC보다 용량과 속도가 훨씬 빠른 16bit IBM Compatible PC가 나와 업무 효율이 만족스럽게 되었습니다. 시험적으로 한 부서에서 쓰기 시작하니 이웃 부서, 전 회사 직원들에게 확장되어 공급하게 되었습니다. 그렇게 회사는 기사회생하게 되었고, 하나님께서는 같은 분야의 다른 바잉 오피스에게도 공급할 수 있도록 길을 열어 주셨습니다. 다른 회사에 가서 제안 설명을 할 때, 시어스 로벅 코리아 직원들이 모두 잘 사용하고 있다고 하면 더 이상 다른 것은 묻지도 않고 구매를 해주었습니다. 시어스 로벅은 그 시장의 킹 핀이었습니다.

이후 많은 바잉 오피스들과 외국계 회사들이 주 고객이 되었고, 그들의 요구 사항을 패키지 소프트웨어로 개발해 주면서 하드웨어도 함께 팔았습니다. 그 과정 중에 개발자들을 뽑아가 버리는 등 사업하면서 어려움은 항상 있었습니다. 기도 외에는 시시때때로 닥치는 여러 문제를 풀어 나갈 재주가 없었습니다.

지난 2월 14일은 회사 창사 40주년이었습니다. 40년의 세월을 되돌아보면 어려움도 많이 있었고 환희의 순간도 많이 있었습니다. 어떨 때는 세상을 다 가진 것처럼 호기가 충만했고, 어떤 일이든 할 수 있을 것이라는 자신감이 충만한 때도 있었습니다. 그러나 교만하면 반드시 넘어지고 어려움이 닥쳐 왔습니다. 겸손히 매 순간 하나님 앞에 엎드려 기도하는 삶이 저를 지켜주었음을 고백하게 됩니다.

제게 기도는 생명의 호흡과도 같습니다. 기도는 "~해 주십시오"라고 구하기만 하는 것이 아니었습니다. 기도는 하나님께 길을 묻고 답을 얻는 과정이었습니다.

"구하라 그리하면 너희에게 주실 것이요 찾으라 그리하면 찾아낼 것이요 문을 두드리라 그리하면 너희에게 열릴 것이니"(마 7:7). 기도하는 과정 중에 답을 주실 것이며, 답을 찾게 하실 것이며, 두드리면 열릴 줄로 저는 믿습니다.

회사가 안정되어 잔잔한 호수에 있다고 생각하는 순간에 큰 파도는 저 멀리에서부터 요동치고 있었고, 큰 풍파가 일 때도 주님께서는 피할 길을 열어 주셨습니다. 주님께서 함께해 주시지 않으면 우리가 하루인들 평안할 수 있었을까요? 봄이 오고 꽃이 피는 것이 그냥 저절로 이루어지는 것이 아니었습니다. 모든 것이 하나님의 은혜였습니다.

카이로스 하나님의 시간에 플러그인된 삶

채연근 징코스테크놀러지 대표이사

이 세상에 태어난 모든 사람은 인생에 꽃 피울 시기를 가지고 태어납니다. 어느 순간 때가 되면 은하수 별무리처럼 하나의 꽃을 피우게 됩니다. 꽃이 피고 진 자리에는 대나무의 매듭 같은 하나의 마디가 생깁니다. 각자 인생의 한 역사를 만든 시간입니다. 그 시간은 사람마다 각기 다를 것입니다. 하나님의 때를 기다릴 줄 아는 인내와 여유는 각자 자신의 역사를 이루는 내면의 토양이 될 것입니다.

그리스어에는 '때'를 나타내는 두 가지 단어가 있습니다. 시각을 나타내는 '카이로스'와 시간을 가리키는 '크로노스'입니다. '크로노스'는 우리가 일상적으로 말하는 시계로 잴 수 있는 시간입니다. 시작도 끝도 없이 순환되고 물리학적으로 측정이 가능한 개념입니다. 영어의 연대기(Chronicle)가 이 어원에서 나왔고, 역사를 서술하는 방식에서 시간의 흐름에 따라 서술하는 방식입니다. 크로노스는 인간의 시간이고, 카이로스는 하나님의 시간이라고 쉽게 생각하면 됩니다. 그리스 신화에 나오는 카이로스는 기회의 신으로 나옵니다. 앞쪽에는 머리가 있어 기회를 쉽게 잡지만, 뒤에는 머리가 없어서 때를 놓치면 다시 잡을 수 없다는 의미를 지니고 있다고 합니다.

구약성경 전도서에 시간을 나타내는 구절이 있습니다.

"범사에 기한이 있고 천하만사가 다 때가 있나니 날 때가 있고 죽을 때가 있으며 심을 때가 있고 심은 것을 뽑을 때가 있으며 죽일 때가 있고 치료할 때가 있으며 헐 때가 있고 세울 때가 있으며 울 때가 있고 웃을 때가 있으며 슬퍼할 때가 있고 춤출 때가 있으며 돌을 던져 버릴 때가 있고 돌을 거둘 때가 있으며 안을 때가 있고 안는 일을 멀리할 때가 있으며 찾을 때가 있고 잃을 때가 있으며 지킬 때가 있고 버릴 때가 있으며 찢을 때가 있고 꿰맬 때가 있으며 잠잠할 때가 있고 말할 때가 있으며 사랑할 때가 있고 미워할 때가 있으며 전쟁할 때가 있고 평화할 때가 있느니라"(전 3:1-8).

이제 갓 육십을 지나서 제 삶을 반추해 보면 순간순간 인간적인 안간힘으로 항상 막차를 탔고, 겨우 승선하기 위해 달려가는 마지막 승객의 입장이었습니다. 그렇기에 제 인생 1막과 2막은 크로노스의 삶이었다고 생각할 수 있습니다.

저는 충북 단양 소백산 화전민촌에서 태어나 앞뒤 좌우 산속에 파묻히어 하늘 바라보기가 사치였을 정도였습니다. 그럼에도 정이 많고 사랑이 많으셨던 부친께서 시골에서 중학교에 진학하지 못한 5개 부락 형들을 맡아 재건학교를 설립하고 교장까지 하셔서 자연스럽게 일찍 공부할 수 있는 분위기가 조성되었습니다. 이후 아버지 직장을 따라 단양읍으로 전학하고 중학교 때는 정든 고향을 떠나 경기도 일산에서 잠시 정착했습니다. 고등학교는 조국근대화, 산업화의 기수라는 정부 정책하에 전라북도 익산의 국립기계공업고등학교 특차에 합격하여, 전국 팔도에서 모여든 친구들과 함께 외롭고 힘든 기숙사 생활을 하게 되었습니다.

주일에 외출이 허용되어 교회에 가면 예수님의 품처럼 따듯했습니다. 고교생활이 적성에 맞지 않아 대학 진학이 늦어졌던 것, 겨우 해병대 통신장교에 합격하여 40개월을 북한 황해도 관산포가 코앞에 보이는 김포 애기봉에서 임무를 수행하면서 20대 중후반을 보낸 것이 인생에 큰 도전이었습니다. 주어진 시간, 즉 인간적인 시간표에 맞추어 살아갔던 분명한 크로노스 시기였습니다.

제 인생에 정해진 크로노스 시간은 마라톤 경주처럼 흘러갔습니다. 서른에 동갑내기 아내와 결혼하여 두 아이를 바라보는 행복감을 느끼고, 군 전역 후에는 삼보컴퓨터에 입사하여 아시아를 맡아 동분서주 뛰어다니면서 컴퓨터 수출이라는 대명제 아래 각 나라 관습과 문화에 대해 이해하고 배우는 시간을 보냈습니다. 이후 IMF를 맞아 명예퇴직을 하는 아픔도 진하게 느끼게 되었는데, 당시에는 하늘이 노랗게 보일 수밖에 없었습니다. 어찌할 수 없었던 그 순간 친구의 배려로 용산에 있는 그의 사무실 한편에 책상 하나 얻어 시작한 사업을 2년 동안 하게 되었습니다. 컴퓨터와 컴퓨터 관련 액세서리의 수출, 내수 장사 등 생존을 위해서 치열하게 버티는 아주 힘든 단련의 시간이었습니다.

이후 소프트뱅크코리아 입사 후 글로벌 IT 자이언트 기업 제품의 한국 총판을 수행하고 IT 교육센터 책임도 맡게 되었습니다. 기회가 되어 실리콘밸리에 본사를 둔 네트워크 패킷 분석 회사인 와일드패킷(WildPackets)의 한국 초대 지사장을 맡아 수년간 새로운 분야에서 역량을 펼치는 시간을 가졌습니다. 돌이켜 보면 한국, 일본 그리고 미국 회사를 다니며 치열하게 크로노스에 초점을 맞춰 살아갔던 시간이었습니다.

2007년부터 현재의 회사인 징코스테크놀러지를 설립하여 이르기까지 쉽지 않은 시간이었습니다. 하지만 순간순간 크로노스의 시간에 최선을 다한다면, 서울대 공과대학 26명의 교수님들이 집필한 「축적의 시간」에서 언급했던, 축적 후 발화하는 시간이 분명 하나님께서 예비하신 카이로스의 시간표가 아닐까 하는 소망을 간직한 채 살아가고 있습니다.

또한 하나님은 담임목사님의 "이 세상에 우연은 없다"는 설교, 그리고 2024년 솔리데오 섬김이를 맡으면서 1월에 강사로 모셨던 동탄동산교회 박동성 목사님의 '요셉 같은 경영자의 네 가지 비밀노트' 설교가 작은 기업을 경영하는 제게 적용할 메시지임을 알게 하셨습니다.

"바로와 그의 모든 신하가 이 일을 좋게 여긴지라 바로가 그의 신하들에게 이르되 이와 같이 하나님의 영에 감동된 사람을 우리가 어찌 찾을 수 있으리요 하고 요셉에게 이르되 하나님이 이 모든 것을 네게 보이셨으니 너와 같이 명철하고 지혜 있는 자가 없도다 너는 내 집을 다스리라 내 백성이 다 네 명령에 복종하리니 내가 너보다 높은 것은 내 왕좌뿐이니라 바로가 또 요셉에게 이르되 내가 너를 애굽 온 땅의 총리가 되게 하노라 하고 자기의 인장 반지를 빼어 요셉의 손에 끼우고 그에게 세마포 옷을 입히고 금 사슬을 목에 걸고 자기에게 있는 버금 수레에 그를 태우매 무리가 그의 앞에서 소리 지르기를 엎드리라 하더라 바로가 그에게 애굽 전국을 총리로 다스리게 하였더라"(창 41:37-41).

첫 번째는 요셉의 형통입니다. 형통은 하나님의 과업을 성취하는 것이며, 온 세상을 구원하시려는 하나님의 경륜하에서 카이로스 하나님이 함께하실 것이라고 믿게 되었습니다. 두 번째로 지혜로운 경영입니다. 지혜는 창조적인 것이고, 지혜의 근원은 십자가에 있습니다. 세 번째는 현장경영이 답이라고 볼 수 있습니다. 사장이든 직원이든 하나님의 비전을 바라보는 자는 고객과 맞닿는 치열한 현장에서 해결할 답을 찾을 수 있습니다. 크리스천 경영자에게 현장은 하나님의 보호 아래 제일 안전하게 누빌 곳이라고 할 수 있습니다. 마지막으로 매듭짓기 경영입니다. 리더는 정리와 분별력이 있어야 하고, 상처, 억울함, 피해의식이 없는 요셉처럼 인생의 그림자와 어두움에서 자유하며 십자가로 매듭을 지으라는 메시지로 제게 이렇게 울림이 왔습니다. "I'm lost in His love…."

이 세상에 태어난 모든 사람은 인생에 꽃 피울 시기를 가지고 태어납니다. 어느 순간 때가 되면 은하수 별무리처럼 하나의 꽃을 피우게 됩니다. 꽃이 피고 진 자리에는 대나무의 매듭 같은 하나의 마디가 생깁니다. 각자 인생의 한 역사를 만든 시간입니다. 그 시간은 사람마다 각기 다를 것입니다. 하나님의 때를 기다릴 줄 아는 인내와 여유는 각자 자신의 역사를 이루는 내면의 토양이 될 것입니다.

그러므로 하나님이 주신 카이로스의 절대적 시간을 무의미하게 보내면 안 됩니다. 절대 의미가 있는 카이로스의 기회를 놓쳐서도 안 될 것입니다.

저는 매일 기도합니다. "주님! 하나님의 크신 경륜 안에서 요셉에게 주신 특별한 은사를 사모합니다. 이 치열한 크로노스의 정해진 시간들에서 비틀거리며 오늘 하루도 살고 있습니다. 그 크신 하나님의 카이로스 시간에 저는 플러그인되어 살고 싶습니다. 지혜를 주시고 명철을 주시길 소망합니다."

꿈꾸는요새
최종원 꿈꾸는요새 대표이사

다른 장학재단이 청소년들의 학비 지원이
주목적이라면, 꿈꾸는장학재단은
장학생들이 선한 꿈을 꾸고, 우리 사회에
필요한 리더로 성장하여 다음 세대에게
선한 영향력을 전하도록 하는 것이
목적입니다. 8년 동안 600명이 넘는
장학생을 배출하며 그 목적을 이루고
있으니 하나님의 은혜입니다.

저는 강원도 강릉에서 태어나 하나님을 모르고 살았습니다. 중학교 3학년 2학기에 서울로 전학하여 미션 중고등학교를 다녔지만 34세가 되어서야 교회에 나가기 시작했습니다.

그러나 교회를 나가면서도 믿음이 생기지는 않았습니다. 그러던 중 IMF 시절 회사의 퇴출이라는 위기를 맞아 자발적으로 압구정동 소망교회 새벽기도에 나가게 되었고, 회사가 기적적으로 회생하는 기적을 맛보았습니다. 그러나 그것도 잠깐, 불성실한 신앙생활을 반복하고 있었는데, 놀랍게도 49세에 회사의 대표이사 사장으로 승진하게 되었습니다. 많은 분의 기도와 하나님의 은혜임을 깨달은 저는 이때부터 주일성수와 십일조를 지키고, 직장에서 크리스천 IT CEO 공동체에 나가 예배를 드렸습니다. 1년에 한 번인 휴가를 매년 해외 단기선교로 보냈습니다. 회사 응접실에 기독교 관련 사진 액자들을 걸어 놓고 방문자들에게 복음을 전했고, 매일 영성일기를 쓰고, 새벽예배에 나가고, 주일이면 교회에서 교육부장으로, 성가대로 섬겼습니다. 그러다 보니 하나님을 점점 알게 되고 하나님과 가까워지는 것도 느낄 수 있었습니다.

교회에서 교육부장을 오랫동안 맡았던 저는 아이들과 함께 기도하며 성경을 공부하는 시간이 행복했습니다. 영성일기를 쓰면서 많은 은혜를 받았기에 교회 주일학교 밴드를 만들어 교회 학생들도 영성일기를 쓸 수 있도록 도왔습니다. 매일 성경을 읽고 묵상한 내용으로 영성일기를 써서 밴드에 올리면 교사들이 그 내용을 지도하고 푸짐하게 시상하도록 했습니다. 학생들이 영성일기를 잘 쓸까 걱정을 하였는데, 초등학생들이 가장 적극적으로 참여하자 중고등부 학생들도 열심히 참여했습니다.

2015년 3월, 30년간 다녔던 직장을 55세에 퇴직하게 되었습니다. 어떻게 인생 후반을 살아갈까 고민하던 저는 중국으로 어학연수를 떠났습니다. 조금씩 공부해 오던 중국어 실력을 늘리고 싶은 욕심도 있었지만, 중국을 여행하면서 견문을 넓히고 지친 마음도 치유받고 싶었습니다. 학교 기숙사에 머물며 오전에는 학교에서 4시간 수업을 받고 오후에는 중국어 선생님을 구해 개인과외를 받았습니다. 북경에 있는 기간에도 신앙생활을 열심히 했습니다. 학교 근처에 있는 학원로교회에 나가 주일예배와 새벽예배를 드렸는데, 성도들 대부분이 대학생들이었습니다. 어느 날 예배 후 목사님과 함께 식사하는 자리에 처음 보는 청년이 있어 인사를 나누었는데 그가 오픈놀 권인택 대표입니다. 8년이 지난 지금 제가 그 회사의 고문으로 일하고 있으니 하나님이 맺어 주신 특별한 인연입니다.

퇴직을 앞두고 기아대책 유원식 회장님이 불렀습니다. 글로벌 IT 기업에서 오랫동안 CEO로 재직하셨던 유 회장님은 국제구호단체에서 제2의 인생을 보내고 계셨는데, 이런 삶이 너무나 행복하다는 말씀과 함께 제가 청년을 위한 단체에서 일하면 좋겠다고 조언해 주시며, 자신처럼 NGO를 맡을 수 있는 능력이 저에게 있어 보인다고 격려해 주셨습니다.

그분의 목소리가 하나님의 음성처럼 들렸던 저는 며칠 후 '청년의 뜰'이라는 단체에 들어가게 되었고, 진로와 소명 컨퍼런스를 시작으로 IT 미션 컨퍼런스, 북경비전 컨퍼런스 등을 기획하며 멘토 강사로 섬기게 되었습니다. 다음 세대 컨퍼런스에 강사로 참여하면서 청년들이 CEO들의 일방적인 강의를 듣기보다는 양방향으로 소통하기를 원한다는 사실을 알게 되어, 이태원에 카페를 빌려 'CEO가 쏜다'라는 프로젝트를 시작하였습니다. 다양한 전문 분야의 CEO들이 맛있는 식사를 쏘며 토크콘서트 형태로 멘토링을 하자 청년들은 좋아했고 진로에도 많은 도움이 된다고 말해 주었습니다. 이후 'CEO가 쏜다'는 입소문이 나며 대학, 군부대, 해외, 교회로 확산되었습니다.

청년 사역을 열심히 하던 제게 청소년 사역의 문이 열렸습니다. 2016년 봄, 아내와 함께 한 달간 히말라야 여행을 하고 돌아와 CTS 라디오JOY 〈꿈꾸는 여행자〉 방송을 진행하고 있던 제게 이카드밴 김중제 사장님이 장학재단을 설립하자고 제안하셨습니다. 기부천사라 불릴 만큼 평소 많은 사람들을 돕던 그분은 다음 세대 청소년들을 체계적으로 육성하기 위한 재단을 연내에 설립하고 싶다고 했습니다.

장학재단 이름을 '꿈꾸는장학재단'이라 정하고 법인 설립 절차에 들어갔습니다. 법인 설립을 기획하고, 자료를 준비하고, 이사회 조직을 구성하고, 서울시 교육청에 인가를 신청하기까지 한 달 반이 걸렸으니 정말 초고속이었습니다. 기적과도 같이 허가가 났고, 12월 23일 오전에 등기가 완료되어 오후에 창립 이사회를 열게 되었습니다. 다른 장학재단이 청소년들의 학비 지원이 주목적이라면, 꿈꾸는장학재단은 장학생들이 선한 꿈을 꾸고, 우리 사회에 필요한 리더로 성장하여 다음 세대에게 선한 영향력을 전하도록 하는 것이 목적입니다. 8년 동안 600명이 넘는 장학생을 배출하며 그 목적을 이루고 있으니 하나님의 은혜입니다.

2019년 가을, 24년 동안 열심히 다니던 교회를 가족과 함께 나오게 되었습니다. 오랫동안 헌신했던 교회를 나온 저는 실망과 상실감이 컸습니다. 그러나 하나님은 저희 가족을 조이어스교회로 인도하셨고, 코로나 와중에도 교회에 잘 적응할 수 있었습니다. 그러던 중에 2021년 다니던 병원을 퇴직하고 강원도 양양에 내려가게 되었습니다. 혼자만의 시간을 가지고 기도하며 몸과 마음과 영혼을 새롭게 하고 싶었습니다. 마침 교회에서 "새 영, 새 마음"이라는 주제로 새벽 세이레 기도를 하고 있을 때였습니다. 새벽에 일어나 간절한 마음으로 온라인 예배를 드렸습니다. 아침에는 교회의 온라인 큐티를 하고, 저녁이면 산책을 하며 성경 구절을 암송하고 블로그에 영성일기를 썼습니다. 그렇게 양양에서 6개월간 지내던 중 '새 영, 새 마음' 새벽 세이레 예배 말씀에서 새 비전을 받았습니다.

> "하나님이 말씀하시기를 말세에 내가 내 영을 모든 육체에 부어 주리니 너희의 자녀들은 예언할 것이요 너희의 젊은이들은 환상을 보고 너희의 늙은이들은 꿈을 꾸리라"(행 2:17).

이 말씀을 묵상하며 기도하다가 다음 세대 청년들과 5060 신중년들이 연합하여 선을 이루는 커뮤니티를 설립하게 되었습니다.

저는 오래전부터 책을 쓰려고 생각했습니다. 36년 직장생활 중 절반 이상을 임원과 사장으로 지냈으니 할 말이 많았습니다. 그러나 그때는 글을 쓰지 않았습니다. 제게 너무 힘이 들어가 있었기 때문입니다. 두 번의 직장생활을 마치고 양양 어촌 마을에서 6개월간 지내며 힘을 빼고 나서야 글을 쓸 수 있었습니다. 돌이켜 보니 저의 꿈은 남의 꿈을 빛나게 하는 것이었습니다. 저로 인해 다른 사람이 꿈을 꾸고 그 꿈을 이룰 때 가장 행복했습니다. 앞으로도 그 일을 잘 감당하며 하나님 나라의 일꾼이 되겠습니다. 자녀들이 예언을 하고, 젊은이들이 환상을 보고, 늙은이들이 꿈을 꾸는 나라가 임하기를 소망합니다.

내 딸 하연이에게

최준식 갈릴리 대표이사

지금도 앞으로 어떤 일들이 벌어질지,
어떤 힘든 일이 또 우리를 눈물 나게 할지
알 수 없지만, 왜 이런 일이 생기는지
이해할 수 없는 상황도 오겠지만,
'아, 이래서 그러셨군요, 하나님!'이라는
고백과 오늘 하루도 감사할 일이 너무 많다는
고백이 하연이에게도 넘쳐날 것이라 믿어.

질풍노도의 시기를 보내고 있는 딸 하연아.

며칠 전 네가 "하나님이 있어? 보이지 않는데 어떻게 믿어? 하나님을 믿지 않는 사람에게도 좋은 일도 있고 안 좋은 일도 있는데, 전부 운이지 않아?"라는 질문에 아빠가 했던 말 기억나?

아빠도 하나님이 "이렇게 해라, 저렇게 해라"라고 바로 알려 주시면 얼마나 좋겠냐마는 한 번도 그렇게 나타나 보여 주신 적이 없거든. 그런데도 어떻게 믿느냐고?

히브리서 11장 1-3절의 "믿음은 바라는 것들의 실상이요 보이지 않는 것들의 증거니 선진들이 이로써 증거를 얻었느니라 믿음으로 모든 세계가 하나님의 말씀으로 지어진 줄을 우리가 아나니 보이는 것은 나타난 것으로 말미암아 된 것이 아니니라"라는 말씀을 곰곰이 씹어 보면, '아 그렇구나'라는 생각이 드는데, 그러기까지 아빠도 긴 시간이 걸렸어.

아빠가 그랬잖아. 공기는 눈에 보이지 않지만, 공기가 없어지는 순간 우리는 숨을 쉴 수가 없다고. 그런데 우리가 공기라는 존재를 아는 건 과학적인 내용을 통해 이해하기도 하지만, 실제로 물에 들어가면 숨을 쉴 수가 없는 것처럼 지식적으로도 내 삶을 통해서도 믿을 수밖에 없기 때문이라고.

아빠도 하연이처럼 태어나면서부터 당연한 듯이 교회를 다녔고, 교회 안에서의 생활이 자연스러워 '다들 이렇게 살지 않나?'라고 여기다가, 초등학교 4학년 때 뜨겁게 기도하는 자리에서 확신이 들었단다. 머리 위에 누군가가 손을 얹고 계시는데 '뭐지?' 하고 휘휘 저어 봐도 아무것도 없고 가슴이 뜨겁게 차오르더라. 그때 '하나님이 날 사랑하는구나'라는 확신이 들었어. 너에게도 하나님이 확신으로 다가오는 그런 시간이 올 것이라고 아빠는 믿어. 아빠는 기도하며 기다릴 거야. 아빠의 아빠가 그렇게 기다려 줬듯이.

하연이도 기억나겠지만 할아버지는 말이 별로 없으시고 가만히 바라보며 미소만 지으시는 분이었지. 그럼에도 성경 이야기만 나오면 눈빛이 변하고 열정적으로 가르쳐 주신 분이었어. 그것도 항상 본인의 경험을 성경 말씀으로 풀어서 알려 주셨지.

한번은 이런 일이 있었어. 할아버지가 기독교 서점을 하셨었는데 시골이기도 하고 인터넷도 없던 시절이라 대부분의 목사님은 두꺼운 책으로 공부해야만 설교 준비를 할 수 있었어. 아빠는 이제 막 고등학생이었을 그 시절에 할아버지 오토바이를 타고 구십구 고개를 넘어 삼도봉이라는 산꼭대기에 있는 교회까지 책 전집을 싣고 할아버지랑 다녀오곤 했었어. 할아버지 등에 기대어 경치 구경도 하고 다니는 것이 마냥 좋았거든. 그런데 있어야 할 교회도 없고 텃밭처럼 가꾸던 밭도 모두 없어진 거야. 산사태로 목사님 가족이 모두 매몰되었던 거지. 갓난아기와 사모님, 목사님 그렇게 모두 하늘나라로 가셨어. 아빠는 화가 났어. 몇 가구 안 되는 노인들만 사는 그런 작은 산골 마을까지 와서 어렵게 사역하는 목사님 가족이 왜 그런 사고를 당해야 하는지 도저히 납득할 수가 없었어. 하나님은 없다고 할아버지한테 소리 질렀어.

그때는 전화도 없던 시절이라 할아버지께서 이리저리 사고 수습을 하시고는 집에서 얘기해 주셨어. 물론 침울한 분위기였지만 할아버지는 목사님 가족의 존재만으로 하나님이 일하실 거라고 하셨어. 아빠는 안 믿었지. 일어날 일이 일어난 것이고 하나님은 그냥 방관만 하는 존재라고, 목사님은 운도 지지리 없다고 실망했어.

그렇게 잊고 살았어. 그런데 있잖아, 10년이 지나 할아버지랑 그 일을 이야기한 적이 있어. 그 마을이 전부 기독교 마을이 되었대. 그 목사님 가족이 돌아가시고 나서 하나님을 믿는 것에 대한 관심이 생겼고 모두 기독교인이 되었대. 이상하지?

지금도 하나님이 하시는 일을 다 이해할 수는 없지만, 뭔가 큰 계획을 가지고 이뤄가시나 보다 믿게 되었단다.

그런 할아버지가 결국 목사님이 되셨어. 그러다 위암인 걸 알게 되셨는데 하나도 안 아프다고 의사가 돌팔이라고 하시면서 시편 90편 10절의 "우리의 연수가 칠십이요 강건하면 팔십이라도 그 연수의 자랑은 수고와 슬픔뿐이요 신속히 가니 우리가 날아가나이다"라는 말씀을 유쾌하게 하시다가 하나님께로 가셨어.

아빠는 지금도 답답하거나 궁금한 일이 생길 때, 물어볼 수 있는 믿음의 동역자이고 선배였던 할아버지가 많이 생각나. 많이 보고 싶어.

그래서 더 성경이 궁금해졌어. 도대체 이 책이 무엇이길래 읽어도 읽어도 새롭고 궁금한 일이 넘쳐나는지 모르겠어. 읽다 보니 읽을 때마다 맛있어. '아! 이런 뜻이었구나' 싶어지고 더 깊이 알고 싶어졌어.

그래서 지금도 공부하고, 삶 속에 적용해 보고, 교회를 다니며 더 알아가고 하는 것이란다. 알기만 해서는 발전이 없더라고. 믿음이라는 것도 같이 나누고 공감해야 하는 것이더라고.

카톨릭을 믿던 엄마를 만나 같이 교회 다니고 조금씩 믿음이 들어가는 것을 묵묵히 지켜보다가, 이제는 예수님이 우리가 어쩔 수 없이 지고 가야 하는 원죄를 사하시기 위해 이 땅에 인간의 몸으로 오셨고, 사랑으로 알려 주고 회복시켜 주시다가, 우리 죄를 대신해 십자가에 못 박혀 돌아가시고 사흘 만에 부활하심을 믿는다고 했을 때 아빠는 세상을 다 가진 기분이었어. 적어도 아빠가 하나님 나라로 갈 때 하나님 앞에서 자랑할 것이 하나 생겼어. 엄마에게 하나님의 존재와 믿음을 전해 줄 수 있어서, 하나님께 "한 생명 구했습니다"라고 말할 수 있어서 너무 기뻐.

"그럼 아빠는 체험이 없어?"라고 물어본다면, 모든 상황 속에서 하나님이 개입하시는 걸 느끼고 있고, 시간이 지나고 나서 '아! 이래서 그러셨군요, 하나님!' 하는 순간들이 매일 벌어지고 있다고 말할 수 있어. 이렇게 말하면 "또 뭐래~"라고 할 거지? 그럼 또 하나 이야기해 줄게.

코로나로 사람을 만날 수도 없고 회사도 많이 어려워져 힘든 시기가 있었어. 그런데 그 시기에 아빠는 교회에서 많이 배우고 믿음이 더 성장할 수 있었어. 회사에서 집에 돌아오는 지하철에서, 차 안에서 매일 핸드폰으로 성경 읽고 기도하던 시기였어. 교회에서 아빠가 순장으로 섬기면서 순원인 가족들을 많이 생각하고 기도하던 그런 때였는데, 그날도 일 마치고 녹초가 되어 차에 올랐는데 카카오톡 단체 메시지로 기도해 달라는 글이 올라온 거야. 순원 중 한 분이 배가 아파서 병원에 가고 있다고 하더라고. 그런데 이상하게 아빠 마음이 많이 불편했어. 하나님이 강하게 신호를 주는 것 같았어. 이유는 아빠도 몰라. 마음이 그렇더라고.

그래서 그 순원의 아내분께 전화를 했어. 병원으로 가고 있다고 하길래 아빠도 가겠다고 했지. 왜 오려고 하는지 의아해하시고 오지랖도 넓다 싶었는데 가야 한다는 생각만 들더라고. 그래서 서울에서 양지라는 곳까지 고속도로를 달렸어. 병원에 도착하니 검사받고 나오시더라고. 아무 이상 없다고 집으로 가라고 했대. 그런데 그 집사님을 보고 대화를 나누는데 마치 술 취한 것처럼 말을 잘 못하더라고. 나중에 알았는데 그 상황을 전혀 기억하지 못하고, 도로 중앙에 차를 세워 놓고 배가 아파 기절했다가 다시 깨어나 주변 신고로 앰뷸런스를 타고 병원에 온 것이더라고. 그 집사님도 참 미련하지, 그치?

아빠는 큰 병원으로 가보자고 했어. 아내이신 여집사님은 다섯 살짜리 꼬맹이를 데리고 급하게 나온 상황이라 집에 가고 싶었을 거야. 그런데 아빠가 고집을 부렸어. 큰 병원 가보고 집으로 가자고. 아내분께는 집에 가 있으시라고 하고 아빠 차로 서울대학교 병원으로 달렸어. 아빠도 왜 고집을 부렸는지 모르겠어. 그렇게 서울대병원 응급실로 갔어. 난생처음 코로나 검사까지 받으면서, 가족이 아니면 보호자가 안 된다는 것을 서약서까지 쓰면서 응급실에 접수를 했지. 간호사랑 의사가 간단한 진료를 하고 살펴보더니 배 아픈 건 응급실에서 처리해 줄 것이 없으니 집에 가 있다가 내일 외래로 진료를 받으라고 했어. 그때 아빠가, 이 환자분이 말을 더듬는다, 그리고 손이 자꾸 저리다고 한다, 혈관 쪽 문제가 있거나 뇌출혈이 의

심된다고 그 부분도 살펴볼 수 있느냐고 했더니, 간호사분 표정이 변하면서 혈압을 다시 재보고 응급환자로 분류해서 긴급하게 움직이기 시작했어.

이때부터 아빠는 정신이 없어지더라고. 뭔지 알 수 없는데 응급환자인 거잖아. 이리저리 뛰어다니면서 수속 밟고 검사 지켜보고 아내분께 연락해서 아이는 다른 사람에게 맡기고 병원으로 오시라고 하고 있는데 검사 결과가 나온 거야. '대동맥 박리'라는 처음 들어본 병명이었는데 심장 바로 밑에 혈관이 파열되었고 24시간 안에 수술하지 않으면 사망에 이르는 큰 병이었던 거야. 고맙게도 병원에서 긴급수술이 즉시 결정되고 일사불란하게 진행되는데 너무 감사하더라고. 멍한 눈빛에 혼비백산한 모습으로 병원에 온 아내분께 정신 단단히 차리고 하나님께 매달리라 하고 집사님을 수술실로 들여보낸 다음 병원 밖으로 나오는데, 갑자기 긴장이 풀리면서 눈물이 펑펑 났어. "하나님, 살려 주세요. 이 집사님을 통해 하나님께서 하실 일을 기대합니다. 저를 도구로 사용하셨다면 끝까지 하나님의 뜻을 보여 주세요"라고 기도하면서 눈물범벅이 되어 교회로 왔어. 안 그래도 새벽예배를 나오던 사람이 보이지 않아 걱정하셨다는 목사님께 상황을 설명해 드렸고, 교회는 긴급 중보기도 제목을 전달하기 시작했어.

하연아 알아? 중보기도의 힘은 정말 무섭다? 엄청난 능력이 있다? 마태복음 18장 20절에서 예수님은 "두세 사람이 내 이름으로 모인 곳에는 나도 그들 중에 있느니라"라고 말씀하셨어. 그렇게 모두 기도하는 중에 12시간이 넘는 대수술이 성공적으로 마쳐졌고, 그 집사님은 2년이 넘는 지금까지 재활하고 있지만 회사도 잘 다니시고 건강하게 교회 활동도 하고 계시지. 그분을 볼 때마다 지금도 감사하고 쓰임 받는 삶에 대해 다시 기도를 하게 되곤 해.

지금도 그때 일을 생각해 보면, 아빠가 한 건 아무것도 없었어. 지나고 보니 그냥 아빠는 그 상황에 충실했던 것뿐이고, 모든 과정은 하나님이 아니시곤 할 수 없는 일이었어. 아빠가 사람을 살릴 수도 없고, 피곤해서 못 가봤을 수도 있고, 상상하기 싫은 상황이 생길 수도 있었을 거야. "다 운이지, 그분 복 받았네"라고 하기에는 너무나 많은 일들이 순식간에 벌어지고 지나갔던 거야. 하연아, 하나님은 이렇게 일하시더라. 그래서 끊임없이 기도하고 성경 읽고 감사하고 살지 않으면 아빠는 살 수가 없어.

복잡하기도 하고 재미있기도 하고 슬프기도 하고 내일이 어떻게 될지도 모르는 답답한 그런 세상 속에 살고 있잖아. 하연이도 세상에서 외롭기도 하고 힘들기도 하고 가끔 즐겁기도 하고 화나기도 하고 별별 알 수 없는 일들이 생기는 삶을 살고 있잖아. '왜 이런 일이 나한테 생기지? 하나님 있는 거 맞아? 왜 하나님은 나만 이렇게 힘들게 하고 내 기도는 들어주시지도 않아?'라는 생각이 들지? 그런데 지나고 보면 '아, 이래서 그러셨구나. 하나님의 계획하심이 있는 것이었네'라고 고백할 수밖에 없는 일들을 여러 번 반복적으로 겪게 될 거야. 그러면 '하나님께서 내 삶을 주관하고 계시는구나. 정말 하나님 있구나'라고 고백하는 순간이 올 거야. 그때 우리 같이 감사기도 하자꾸나. 같이 하나님의 뜻을 더 알아가기 위해 노력해 보자꾸나.

지금도 앞으로 어떤 일들이 벌어질지, 어떤 힘든 일이 또 우리를 눈물 나게 할지 알 수 없지만, 왜 이런 일이 생기는지 이해할 수 없는 상황도 오겠지만, '아, 이래서 그러셨군요, 하나님!'이라는 고백과 오늘 하루도 감사할 일이 너무 많다는 고백이 하연이에게도 넘쳐날 것이라 믿어.

사랑해, 딸. 이따 봐!

모든 순간, 하나님이 계셨습니다

1판 1쇄 인쇄 2024년 12월 5일
1판 1쇄 발행 2024년 12월 10일

지은이 솔리데오
발행인 조애신
책임편집 이소연
디자인 임은미
마케팅 전필영
경영지원 전두표

발행처 도서출판 토기장이
주소 서울시 마포구 동교로 71-1 2F
출판등록 1998년 5월 29일 제1998-000070호
전화 02-3143-0400
팩스 0505-300-0646
이메일 tletter77@naver.com
인스타그램 togijangi_books_

ISBN 978-89-7782-538-3

• 이 책은 저작권 법에 따라 보호를 받는 저작물이므로 무단 전재와 무단 복제를 금합니다.
• 이 책의 전부 또는 일부를 이용하려면 반드시 저자와 도서출판 토기장이의 동의를 받아야 합니다.

도서출판 토기장이는 생명 있는 책만 만듭니다.
"우리는 진흙이요 주는 토기장이시니 우리는 다 주의 손으로 지으신 것이니이다" (이사야 64:8)